Gerhard Kapitzke

Zügelführung mit Gefühl

Gerhard Kapitzke

Zügelführung mit Gefühl

Zäumung
Zügelhaltung
Hilfen

Inhalt

Praktisch geübte Reitkultur 6

Gangverhalten und Gleichgewicht . 10

  Zügelunabhängiger Sitz 17

  Versammlung im Gleichgewicht 24

Schonung für das Pferdemaul 30

  Körpersprache des Ausbilders 44

Der Fremdkörper im Pferdemaul . . . 46

Fragende Reiterhand – antwortende
Pferdezunge 56

  Balance des Pferdes 60

  Nickbewegung 63

  Reiterliche Führung 67

  Zügelanlehnung 69

  Maulprobleme 74

  Zügelhaltung 77

  Trensenmundstücke 79

  Stangentrensen 86

  Reithalfter 87

Fragwürdige Hilfsmittel
zur Zügelführung 96

  Nussknacker für den Unterkiefer 98

  Hilfszügel 101

Zügelführung des Übergangs 110

Zügelführung der Vollendung 116

  Dressurkandaren 119

  Hebelwirkung 122

  Zügelhaltung 133

  Springkandaren 143

Iberische Zügelführung 146

Das Zwiegespräch zwischen
Reiterhand und Pferdemaul 158

Praktisch geübte Reitkultur

Im Verlauf der Geschichte hat sich das Pferd um den Menschen verdient gemacht. Gleichzeitig stellt sich die Frage: Hat das Pferd den Menschen verdient? Sporn und Peitsche und mehr noch Drangsal mit Zaum und Zügel machten dem duldsamen Geschöpf durch Jahrtausende zu schaffen. Generationen von Reitern glaubten, das Pferd physisch und psychisch unterwerfen zu müssen, um es unter dem Sattel gefügig zu machen. Praktische Erfahrung und reiterliche Vernunft sprechen indes eindeutig für eine Partnerschaft, die nicht Unterwerfung, sondern Verhandlungssache ist. Gleichwohl werden Zügel und

Reitkultur bedeutet, Wesenheit und Würde des Mitgeschöpfes Pferd zu respektieren. Reitkultur heißt auch, eine mentale Brücke des Vertrauens ohne sentimentale Verhätschelung zwischen Mensch und Pferd aufzubauen.

Zaum – großteils aus Unkenntnis, aber auch wider besseres Wissen – noch immer als Zwangsinstrument genutzt. Reiten heißt nicht Kampf des Reiters gegen das Pferd. Reiten gleicht einem Zwiegespräch unter Freunden! Nicht die (oftmals überzogene) Höhe reiterlichen Anspruchs, sondern allein Fähigkeiten und Vermögen des Pferdes bestimmen Leistungsforderungen des Reiters, um gesundheitliche Schäden zu vermeiden. Nur ein praktisch geübter Tierschutzgedanke, der art- und verhaltensgerechte Erfordernisse des Tierschutzes weit über das gesetzliche Maß hinaus verwirklicht, respektiert das Pferd als empfindsames Mitgeschöpf, das der Hilfe des Menschen bedarf.

Reitkultur drückt sich durch Achtung gegenüber einem duldsamen Tier aus, das willig der Willkür des Menschen folgt, das keine Wahl hat, sein Leben selbst zu bestimmen, das dem Menschen auf Gedeih und Verderb ausgeliefert ist. Reitkultur äußert sich in dem Bestreben, Wesenheit und Bedürfnissen des Pferdes entgegenzukommen: in artgerechter Haltung, in verhaltensgerechter Behandlung und in schonender Reitausübung. Reitkultur ist nicht an eine bestimmte Reitweise gebunden, sie kann ihren Ausdruck sowohl in den Lektionen der Hohen Schule als auch im Spazierenreiten in Wald und Flur finden. Weder die Wahl der Reitweise noch die Höhe reiterlichen Anspruchs sind dabei von Bedeutung, sondern physischer und psychischer Einklang beider Partner. Viele Reiter entscheiden sich im Rahmen ihrer Fähigkeiten für das Reiten um des Reitens willen, um allein im Selbstzweck vollendete Harmonie mit dem Pferd anzustreben. Andere sehen die Erfüllung ihrer Passion im Wettbewerb, sie begreifen das Pferd als Mittel zum Zweck, um sich mit ihresgleichen

zu messen, wobei reiterlicher Anspruch zwangsläufig wettbewerblichen Vorgaben untergeordnet werden muss.

Respekt vor der Würde des Mitgeschöpfes verlangt für jedes Reitverständnis kenntnisreiche und faire Zielsetzung der Ausbildung, um Irrwege zu Lasten des Pferdes zu vermeiden. Reiten ist lebendiger Entwicklungsprozess beider Partner, der nie ein Ende findet, weil ein empfindsames Lebewesen am Geschehen teilhat, das der Führung durch den Reiter bedarf, der wiederum nicht frei von Versagen und Fehlverhalten ist. Letztendlich muss der Reiter die Einsicht gewinnen, dass nur der Weg das Ziel sein kann. Wer dieser Erkenntnis folgt, wird sich zu einem Reiter entwickeln, mit dem das Pferd einverstanden ist. In diesem Sinn sind nicht nur sitzunabhängige Zügelführung im Gleichgewicht, sondern auch praktizierter Tierschutz, der sich in mitfühlender, sanfter Bedienung der Zügel äußert, wesentliche Bestandteile der Vertrauensbildung und des Einklangs zwischen Pferd und Reiter. Ein Pferd ist ein sensibles Lebewesen, das nicht – wie ein technischer Gegenstand – auf Knopfdruck reagiert. Es braucht Zeit, bis Reiter und Pferd, wie zwei Menschen auch, im Einklang zueinander finden. Möge dieses kleine Kompendium verständnisvolle, einfühlsame und einsichtige Reiter anregen, entgegen modischen und kommerziell verfälschten reiterlichen Auswüchsen unserer Zeit die unsichtbare Flagge klassischen Reitverständnisses, das das Pferd verhaltensgerecht und schonend behandelt und gesundheitliche Schäden zu vermeiden bestrebt ist, weiterzutragen und die Reiterjugend zum Nachdenken bewegen. Reiten heißt nicht nur einfühlen, sondern auch das Wohl des Pferdes zu bedenken.

Reitkultur schließt ebenso die Gymnastizierung des Pferdes ein, um ihm das Tragen der Reiterlast zu erleichtern. Vollendete Hankenbeuge und entspannte Kopf-Hals-Haltung in der Piaffe.

Gangverhalten
und Gleichgewicht

Pferde, die halbwild in freier Natur unter ihresgleichen im Herdenverband leben, zeigen ein unverfälschtes, natürliches Bewegungsverhalten. Schritt ist die Gangart gemächlicher Futtersuche. Trab wurde auf jahreszeitlicher Futtersuche im Wildleben für weiträumige Ortswechsel bevorzugt, dessen Skala vom Schlendertempo über Trabverstärkungen bis zum Imponiertrab des Hengstes reicht. Galopp, Gangart der Flucht, aber auch der Lebensfreude und des übermütigen Spiels, variiert zwischen gemäßigtem Dreitaktgalopp mit fliegenden Wechseln in Wendungen, springendem Viertaktgalopp, um auf holprigem Boden Stolpersteine zu überwinden, und gestrecktem Fluchtgalopp, um vermeintlicher Gefahr zu entkommen. Junghengste führen in rituellen Kampfspielen Manöver aus, die sich als natürliche Grundlage für dressurmäßig ausgeformte Lektionen anbieten. Die Kopf-Hals-Partie des Pferdes, die über die vierfache Gliedmaßenstütze hinausragt und ein pendelndes Übergewicht darstellt, wird in allen Bewegungssituationen als ausgleichendes Gegengewicht genutzt, um Schwankungen und Stürzen entgegenzuwirken.

Das natürliche Bewegungsrepertoire des Pferdes gibt dem Reiter Hinweise über Möglichkeiten und Grenzen der Dressurausbildung. Seriöse Dressurausbildung gleicht sich stets dem Bewegungsverhalten an und stellt keine reiterlichen Forderungen, die über Fähigkeiten und Vermögen des Pferdes hinausgehen. Vielmehr werden natürliche Gangfolgen, die sich anbieten, trainiert und ausgeformt, damit der Tragapparat das zusätzliche Reitergewicht ohne gesundheitliche Schäden zu tragen vermag. Allein diese Kriterien sind zunächst Sinn und Zweck dressurmäßiger Ausbildung.

Zu Beginn der Ausbildung gleicht sich der Reiter dem Bewegungsrhythmus des jungen Pferdes an, das unter der Reiterlast zunächst sein Gleichgewicht wiederfinden muss. Er stört nicht und greift nicht ein, bestenfalls leistet er unterstützende, keinesfalls aber fordernde Hilfengebung. Das gilt besonders für die Zügelführung, die keinen Zügelzwang ausübt, damit die Gleichgewichtssuche des Pferdes nicht behindert wird. Ein Reiter, der das Bewegungsverhalten frei lebender Pferde beobachtet und in seiner Vorstellung bildlich gespeichert hat, ist bestrebt, seine Wahrnehmungen in die Realität umzusetzen und zu vermeiden, sein Pferd durch zwingende Hilfengebung in eine widernatürliche Form zu pressen. Es gilt somit, das natürliche Gangverhalten nicht wesentlich zu verändern, sondern Gleichgewicht und Schubkraft durch Gymnastizierung zu fördern und die Tragkraft zu stärken.

Stallpferde, denen weiträumiger Auslauf im Freien gewährt wird, drücken ihre Lebensfreude in ungestümem Bewegungsdrang aus. Der Hengst zieht alle Register seines angeborenen Imponiergehabes, er protzt mit schwebenden Trabtritten, buckelt sich in stürmischen Galoppaden aus und dreht wilde Kapriolen. Drohende Halswölbung und leichte »Beizäumung« lassen ihn größer erscheinen, als er wirklich ist. Herrisch wirft er den Kopf auf, gespannt orientiert er seinen Blick am Horizont und wittert mit vibrierenden Nüstern. Das prahlerische Erscheinungsbild soll Rivalen einschüchtern oder liebeswillige Stuten beeindrucken, oder es soll

Freudensprünge des Stallpferdes beim Weidegang. Deutlich ist das Bedürfnis nach Dehnung der Hals-Rücken-Muskulatur zu sehen.

einfach nur seiner Freude Ausdruck verleihen, der Enge des Stalls entronnen zu sein. In Trabreprisen zeigt er das Bedürfnis, nach der Bewegungslosigkeit des Stallaufenthaltes den Kopf zu senken und sich in natürlicher Dehnungshaltung wohlig zu strecken. Stuten pflegen ihre Freude gemessener auszudrücken.

In freiem Lauf nutzt das Pferd in allen Gangfolgen, Wendungen und Sprüngen die Kopf-Hals-Partie als ausgleichende »Balancierstange«, um sich im Gleichgewicht zu halten und nicht zu stürzen. Der Pferdehals bleibt in unterschiedlichsten Positionen immer lang, um einen wirksamen Balance-Ausgleich zu schaffen, etwa vergleichbar mit dem Schwanz einer Katze oder eines Eichhörn-chens, der beim Klettern und Springen eine steuernde Funktion übernimmt. Das natürliche Bewegungsverhalten lehrt den Reiter, das Gleichgewichtsbedürfnis des Pferdes auch unter dem Sattel nicht zu stören, sondern im Gegenteil durch einfühlsame Hilfengebung und schwerpunktgleiche Balance zu unterstützen und damit die Reiterlast so erträglich wie möglich zu machen. In der Praxis bedeutet das, sitzunabhängige Zügelhilfen zu beherrschen, nach jeder angespannten Lektion die Dehnungshaltung zu gestatten und innerhalb der Beizäumung den Pferdehals nicht einzuengen sowie die Profillinie des Pferdekopfes vor der Senkrechten zu halten, damit das Pferd gemeinsam mit dem Reiter das Gleichgewicht ausloten kann.

Die Haltung des frei laufenden Pferdes zeigt ausgewogene Balance und »natürliche Beizäumung«. Am Anfang der Ausbildung des jungen Pferdes gleicht sich der Reiter dem natürlichen Bewegungsrhythmus an und vermeidet stärkeres Eingreifen durch fordernde Hilfen. Die Körperhaltung beider Pferde zeigt keine Unterschiede, die Zügelführung greift nicht in die Kopf-Hals-Haltung ein.

Beispiel für den Einsatz der Kopf-Hals-Partie als Balance-Ausgleich beim frei laufenden Pferd. Der Pferdekörper legt sich nach rechts in die Wendung, die hoch aufgereckte »Balancierstange« der Kopf-Hals-Partie schwenkt als Gewichtsausgleich nach links außen, um die Schräglage abzufangen, auszugleichen und zu stabilisieren.

»Zügeln«, »im Zaum Halten«, »an die Kandare nehmen«, »die Zügel nicht schleifen lassen« – das alles sind Redewendungen im Volksmund für Disziplin oder Zurückhaltung, für Einschränkung oder gar Zwang, die dem Sprachschatz der Reiterei entlehnt wurden. Nicht wenige Reiter hängen diesen schlichten Vorstellungen an und missverstehen Zügel und Zaum als Zwangsinstrument. Zwingende Zügelhilfen, die den Pferdekopf unter Maulschmerz hinter die Senkrechte riegeln, nähern sich dem Tatbestand der Tierquälerei und handeln gegen jede reiterliche Vernunft, weil sie einerseits vortreibende Hilfen aufheben und zunichte machen, andererseits rückwärts

wirken, den Vorwärtsschub bremsen und die Gleichgewichtsfindung des Pferdes unter dem Reiter stören oder gar unmöglich machen.

Aus dem natürlichen Balance-Verhalten der Kopf-Hals-Partie ergibt sich für den Reiter die Konsequenz, so wenig wie möglich in die Kopf-Hals-Partie einzugreifen, um den Balance-Ausgleich nicht zu stören. Das Pferd muss das Reitergewicht in die Gleichgewichtsfindung einbeziehen. Der Reiter wird zum Störfaktor, wenn er nicht schwerpunktrichtig im Sattel sitzt und die »Balancierstange« gewaltsam ihrer Funktion beraubt, indem er den Pferdekopf permanent hinter die Senkrechte riegelt.

Das oft wiederholte Bedürfnis des frei laufenden Pferdes, die Hals-Rücken-Muskulatur zu strecken, gibt dem Reiter den dringenden Hinweis, sowohl dem jungen Pferd in der Ausbildung als auch später nach jeder anstrengenden Dressurlektion die Dehnungshaltung zu erlauben.

Am Beispiel der Piaffe, die an Standfestigkeit einbüßt, weil sich die Standfläche verkleinert und das Pferd sich abwechselnd nur auf zwei Gliedmaßen stützt, wird besonders deutlich, wie einfühlsame und nachgebende Zügelführung das gemeinsame Gleichgewicht unterstützen oder knebelnder Zügelzwang das Pferd in Gleichgewichtsnöte versetzen kann. Der Reiter nimmt Rücken- und Maulpartie des Pferdes in Anspruch, deshalb muss diesen Körperregionen seine vordringliche Sorge gelten, um sie vorbeugend vor gesundheitlichen Schäden zu schützen. Das Pferd leidet stumm. Es ist Aufgabe des Reiters, auftretende Probleme rechtzeitig zu erkennen und zu lösen. Ihm sollte stets bewusst sein, dass jede Zäumung, welcher Konstruktion auch immer, mindestens so weich oder so hart auf das Pferdemaul einwirkt wie die Zügelhand, die sie bedient. Und er muss ebenso wissen, dass manche Zaumkonstruktionen die Hilfen der Reiterhand bei grober Zügelführung um ein Vielfaches verschärfen und dem Pferd enorme Schmerzen und großen Schaden zufügen können. Deshalb sollten Kenntnisse über die wichtigsten Zäumungen zum Grundwissen eines jeden Reiters gehören.

Eine individuell korrekt angepasste Zäumung, die dem Pferd Drangsal und Schmerzen erspart, ist Voraussetzung für harmonische Zügelführung. Eine Volksweisheit verkündet: »Einem geschenkten Gaul schaut man nicht ins Maul!« Ob geschenkt oder nicht, jedem Reiter sei dringend angeraten, dem Pferd, das er zu reiten gedenkt, gewissenhaft ins Maul zu schauen, um die individuelle anatomische Ausformung des Maulinneren zu ergründen und das am besten geeignete Mundstück zu testen und herauszufinden, bis sich das Pferd zufrieden zeigt. Ein Pferd, das durch ein unpassendes oder schadhaftes Mundstück ständigem Maulschmerz ausgesetzt ist, kann unter dem Reiter nicht zu entspannter Losgelassenheit finden. Es ist immerfort abgelenkt, reflektiert fein abgestimmte Hilfen nicht und entzieht oder widersetzt sich reiterlicher Einwirkung.

Zügel und Zaum sind das mechanische Medium lautloser Verständigung zwischen Reiterhand und Pferdemaul. Über Zügel und Zäumung verhandelt der Reiter mit dem Pferd über die Richtung des Weges, über ausgewogene Gangfolgen und mehr noch über die Gymnastizierung des Tragapparates, der sich im Wechsel von Spannung und Entspannung, gleich einer elastischen Stahlfeder, unter der Reiterlast zum Spannungsbogen der Versammlung rundet. Die Zügelführung fängt den Vorwärtsschub des Pferdes ein und reguliert die vortreibenden Gesäß- und Schenkelhilfen, die den Zügelhilfen stets vorausgehen. Die ineinander übergleitenden Reiterhilfen der dressurmäßigen Reitweise dienen dem Zweck, dem Pferd das Tragen der Reiterlast zu erleichtern und seine Bewegungen möglichst ohne zwingende Eingriffe zu beherrschen.

Versammlung in der Piaffe, dem sog. Trab auf der Stelle. Das Pferd rundet sich zum elastisch federnden Spannungsbogen, die Hinterhand beugt sich und fußt vermehrt nach vorn unter den Rumpf, entlastet die Vorhand und übernimmt einen Teil des Reitergewichts. Die Aufrichtung der Kopf-Hals-Partie darf nicht gestört werden.

Der Pferderücken ist von der Natur für das Tragen der Reiterlast nicht vorgesehen, obwohl die Sattellage scheinbar zum Aufsitzen einlädt und für den Reitersitz geradezu geschaffen zu sein scheint. Doch der Schein trügt, die Rückenmuskulatur ist vornehmlich zum Tragen der Wirbelsäule konstruiert. Wenn der Pferderücken durch den Reiter belastet wird, biegen sich Rückenmuskeln und Wirbelsäule ein wenig nach unten durch. Die Köpfe der Dornfortsätze berühren sich und reiben aneinander, die Bindegewebsverstrebungen der Rückenwirbel werden gezerrt, die Knorpelscheiben zwischen den Wirbeln werden an den oberen Rändern zusammengedrückt und die unteren Ränder klaffen geringfügig auseinander. Die Folge: Die gleichmäßige Pufferfunktion der Knorpelscheiben ist gestört. Auf Dauer führen reiterliche Belastungen des Pferderückens zu Schmerzen, zu Verspannungen und Verhärtungen der Rückenmuskulatur und zu unelastischen Verknöcherungen der Wirbelsäule. Der Rücken wird bretthart, das Pferd gerät zum »Schenkelgänger«, der Rücken schwingt nicht mehr und wirft den Reiter extrem hart mit jedem Trabtritt aus dem Sattel.

Deshalb muss die Rückenmuskulatur ausgleichend durch Gymnastizierung und Massage gekräftigt werden, damit sie zusätzliche Reiterlast elastisch und federnd tragen kann, ohne dass sich die Wirbelsäule durchbiegt und Schaden erleidet. Übungen zur Längsbiegung des Pferdes und Gymnastizierung der Hankenbeuge an der Hand und unter dem Sattel, um die Rückenmuskeln aufzuwölben, sowie tägliche Massagen der Sattellage stärken die Rückenmuskeln, damit sie tragfähiger werden und die Wirbelsäule »anhe-

ben«. Das Pferd entwickelt sich zum angestrebten »Rückengänger«, der den Reiter in den Gangfolgen elastisch und losgelassen mitschwingen lässt.

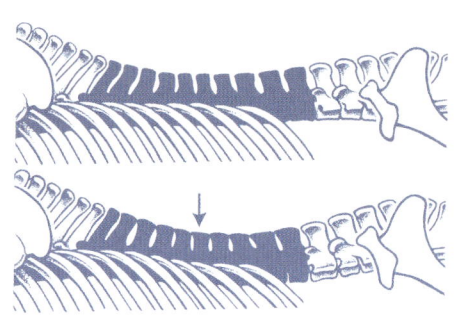

Belastung der Wirbelsäule.
Oben: Wirbelsäule des Pferdes in natürlich gewachsener Position ohne reiterliche Belastung. Die Dornfortsätze der Wirbel wahren angemessene Abstände. Der Bereich der Sattellage (etwa 11. Brust- bis 2. Lendenwirbel) ist geschwärzt dargestellt.
Unten: Die Wirbelsäule biegt sich unter reiterlicher Belastung nach unten durch (Pfeil). Bei schwacher Rückenmuskulatur können sich auf Dauer die Dornfortsätze berühren und die Verbindungsgelenke der Wirbel verzerren, so dass sich schmerzhafte Entzündungen bilden, die zu Verknöcherungen führen.

Früh übt sich im zügelunabhängigen Sitz, wer ein Meister werden will.

Zügelunabhängiger Sitz

Der ausbalancierte Sitz des Reiters, der in jeder Situation mit dem Schwerpunkt des Pferdes übereinstimmt und durch sitzunabhängige Zügelführung ohne Zwang ergänzt wird, bildet die Grundlage allen Reitens und jeder Reitweise.

Die treibenden Sitz-, Gewichts- und Schenkelhilfen des Reiters bestimmen den Vorwärtsschub und treten zuerst in Aktion. Erst danach können Zügelhilfen korrigierend, unterstützend, ergänzend oder unterstreichend eingreifen, um den Vorwärtsdrang regulierend einzufangen. Ohne vorausgehende treibende Einwirkung verlieren die verhaltenden und einfangenden Zügelhilfen ihren Sinn, auch in der Parade zum Halten. Schwankungen des Reiters dürfen sich nicht unwillkürlich auf die Zügelhand und damit auf das Pferdemaul übertragen. Voraussetzung für die Beherrschung präziser Zügelhilfen ist die Ausbildung des Reiters an der Longe, um den ausbalancierten Sitz ohne »Festhalten« zu üben. Ein Reiter, der den von der Zügelführung unabhängigen Sitz nicht erlernt hat, hält sich in Momenten der Unsicherheit an den Zügeln fest und reißt das Pferd unabsichtlich im Maul. Nur der in jeder Situation gleichgewichtige Sitz des Reiters, der sich stets im Schwerpunkt ausbalanciert, erlaubt fein dosierte Zügelhilfen, die frei von unabsichtlichem Ziehen und Zerren sind.

Reitanfänger, die in der Gangbewegung des Pferdes im Sattel verrutschen und die Balance verlieren, geraten unbewusst in Versuchung, sich an den Zügeln festzuhalten. Den ungewollten und versehentlichen Zügeldruck oder permanentes Festziehen im Maul kann das Pferd nicht verstehen, da keine treibenden Hilfen vorausgegangen sind, und es fühlt sich grundlos bestraft. Ein Pferd, das Schmerzen im Maul empfindet, weil der Reiter mit harter Zügelfaust arbeitet oder das Mundstück der Zäumung unpassend oder gar defekt ist, versucht sich den Zügelhilfen zu entziehen oder sich zu widersetzen. Es wird sich nicht nur in der Kopf-Hals-Partie, sondern auch in der Rückenmuskulatur verspannen und verkrampfen, so dass der Reiter nicht elastisch mitschwingt und seine Gewichts- und Schenkelhilfen vom Pferd nicht angenommen und reflektiert werden.

*Zügelunabhängiger Sitz, die Zügel hängen durch, das Pferd bewahrt Versammlung und Selbst-
haltung in der Passage und wird nicht in eine widernatürliche Form gezwungen. Der frei laufende
Hengst zeigt die »natürliche Rohfassung« der Passage.*

Vergleich des zügelunabhängigen und zügelabhängigen Sitzes.

Links: Äußeres Erscheinungsbild des zügelunabhängigen Sitzes. Durchhängende Zügel verdeutlichen, dass der Reiter sich nicht an den Zügeln »festhält«, er sitzt lotrecht, schwerpunktrichtig und ausbalanciert im Sattel, einzig die Steigbügel unterstützen das Gleichgewicht. Die Zügelführung aus locker beweglicher und ruhiger Zügelhand überträgt keine Körperschwankungen und keine versehentlichen Rucke auf das Pferdemaul. Gewinkelte Armhaltung bietet jederzeit Spielraum für das Vorgehen der Zügelhand, etwa für die Dehnungshaltung. Der Reiter sitzt »tief im Pferd«, Sitz- und Schenkelhilfen sind kontinuierlich wirksam und übernehmen wesentliche Anteile der Zügelhilfen. Die Pferdeohren forschen aufmerksam nach hinten zum Reiter, der Hals ist nicht eingeengt, die Nasenlinie bleibt vor der Senkrechten. Das Pferd ist mit der Hilfengebung einverstanden (Passage).

Rechts: Falscher »zügelabhängiger« Sitz, der Reiter hält sich an straff gespannten Zügeln fest, zieht den Pferdekopf hinter die Senkrechte und engt den Hals ein. Der Oberkörper kippt nach hinten, die Gesäßknochen stoßen hart nach vorn in den Sattel und belasten die Vorhand, gestreckte Arme übertragen jeden Ruck auf das Pferdemaul. Die Sitzeinwirkung ist aufgegeben, der Reiter lässt sich mitziehen, Gesäßdruck und Zügelzwang wirken gegeneinander. Der Reiter sitzt nicht schwerpunktrichtig im Gleichgewicht, die Fußspitzen zeigen auswärts, die Sporen bohren sich in die Flanken. Das Pferd versucht sich durch Vorwärtsdrang vom reiterlichen Zwang zu befreien. Das Erscheinungsbild des »Kraftsports mit Zügeln« ist häufig auf Turnierplätzen zu beobachten (Trabverstärkung).

Die Ausbildung des Reitanfängers beginnt auf einem ausgebildeten und gelassenen Schulpferd, das fehlerhafte Hilfengebung ohne nachteilige Folgen für den Reiter verzeiht. Das Pferd läuft auf dem Zirkel an der Longe, Ausbindezügel stabilisieren die Kopf-Hals-Haltung. Der Reitschüler sitzt ohne Steigbügel und ohne Zügelaufnahme im Sattel und hält sich zunächst am Sattelriemen über der Sattelkammer fest. Das Festhalten in der Sattelkammer (»Gesäß in den Sattel ziehen«) ist weniger empfehlenswert, weil eine gewisse Lockerheit des Sitzes und damit ein Spielraum in der Balance verloren gehen können, wobei sich die Haltung des Reiters verkrampft. Mit zunehmender Gewöhnung und Sicherheit des Sitzes balanciert er sich im Sattel aus und neigt sich auf der Kreisform

des Zirkels der Fliehkraft entsprechend nach innen. Allmählich schwenkt er die Arme in Freiübungen und dreht sich in den Hüften, immer darauf bedacht, dass die Festigkeit seines Sitzes im Sattel unverrückbar bleibt. Die Knie liegen saugend am Sattelblatt, ohne zu klammern, die Unterschenkel hängen lose herab. Das Gangtempo steigert sich langsam vom Schritt über Trab zum Galopp. Später werden Zügel und Steigbügel aufgenommen. Die neue Situation bereitet dem Schüler zunächst einige Schwierigkeiten, weil er sich nicht an den Zügeln festhalten darf und darauf achten soll, dass er die Steigbügel nicht verliert.

Nachdem nach einiger Zeit nachgebende Zügelhaltung (noch keine Zügelführung!) und federnder Bügeltritt gemeistert sind, wird der

An der Longe lernt der Anfänger freihändig und ohne Zügelführung ausbalanciert im Sattel zu sitzen, ohne in Versuchung zu geraten, sich an den Zügeln festzuhalten. Bei Körperschwankungen greifen die Hände in Sattelkammer oder Sattelriemen. Die Longe ist stets am Kappzaum, nicht am Trensenring befestigt. Wenn der Sitz ausbalanciert ist, werden Zügel und Steigbügel aufgenommen, um die Zügelhaltung und den federnden Bügeltritt (tiefer Absatz) zu üben.

Reitunterricht auf dem ausgebildeten Schulpferd (evtl. mit Ausbindezügeln) ohne Longe in freiem Gang auf dem Hufschlag fortgesetzt, um Hilfengebung und Zügelführung zu üben. Der an der Longe ausbalancierte und gleichgewichtige Sitz des Reiters ist Voraussetzung für die sitzunabhängige Zügelführung, die präzise Zügelhilfen übermittelt und dem Pferd Maulschmerzen erspart.

Die Korrespondenz zwischen Reiterhand und Pferdemaul ist grundsätzlich gewaltloser Natur – wie ein Zwiegespräch unter Freunden. Die Freundschaft schließt indes nicht aus, dass mitunter – kurz, energisch und entschieden und just im Augenblick der Widersetzlichkeit – erzieherische Ermahnungen nötig werden, die im Gedächtnis des Pferdes haften bleiben. Ermahnende Zügelhilfen sind keinesfalls grob oder brutal und äußern sich niemals in permanentem Ziehen oder Zerren. Die strafende Zügelhilfe kann sich beispielsweise – als Folge treibender Einwirkung – in einer kurzfristigen Beizäumung hinter der Senkrechten

Kinder sitzen häufig von Anbeginn ohne Gleichgewichtsängste und Verkrampfungen im Sattel und erlernen nahezu spielerisch die sitzunabhängige Zügelführung, zunächst an der Longe, dann an der Hand und schließlich ohne Führung.

verdeutlichen, die den Hals einengt und dem Pferd Unbehagen bereitet. Das anschließende Nachgeben der Zügel ist Belohnung und Entspannung zugleich. Gekonnte Zügelhilfen zeichnen sich mehr durch Nachgeben denn durch Verkürzen aus. Der wechselnde Zügeldruck im Pferdemaul besteht im fortgeschrittenen Ausbildungsstadium vorwiegend aus kurzen, meist einseitigen Zupfern auf Zunge und Maulwinkel, um die Aufmerksamkeit des Pferdes zu wecken und Lektionen einzuleiten.

Zügelführung ist lebendige Verbindung zwischen Reiterhand und Pferdemaul, ist lebhaftes Frage- und Antwortspiel, das keine Unterbrechung verträgt. Unbestimmtes Annehmen und Nachgeben, das mit den übrigen Hilfen nicht im Zusammenhang steht, wird vom Pferd nicht verstanden. Die Zügelhand muss auch ausweichenden Kopfbewegungen des Pferdes folgen, um die Verbindung zum Pferdemaul zu erhalten. Zügelanlehnung darf sich nicht verfestigen und nicht rückwärts wirken. Das Prinzip kurzer, wenn nötig mehrfach wiederholter Paraden beruht auf Tadel und Lob. Annehmen bedeutet Rüge und Ermahnung, Nachgeben ist Entspannung und Belohnung.

Der herkömmliche Begriff »halbe« und »ganze« Parade gibt Anlass zu Missverständnissen und sollte aus dem reiterlichen Vokabular gestrichen werden. Eine Parade besteht in ihrer Grundform aus einer kurzen (!) Zügelspannung, die sich im Pferdemaul durch

Parade der Rüge oder Ermahnung bei Unaufmerksamkeit oder Widersetzlichkeit, die Profillinie des Pferdekopfes gerät kurzfristig hinter die Senkrechte. Das anschließende Nachgeben der Zügelhand – der Pferdehals entspannt sich und die Profillinie des Pferdekopfes verharrt wieder vor der Senkrechten – ist Belohnung und Lob zugleich.

Im Ausbildungsstadium folgen die Zügelhände entspannenden Kopfbewegungen des Pferdes und halten leichte Verbindung, ohne die Bewegung zu behindern. Das Pferd gewinnt den Eindruck, dass die Zügelführung in jeder Kopf-Hals-Haltung ohne Einengung erhalten bleibt. Der reiterliche »tiefe Sitz im Pferd« ist gleichbleibend statuesk. Im Gegensatz zur gestreckten Dehnungshaltung im frühen Ausbildungsstadium wird hier nur die Dehnungshaltung ohne Rückenentlastung gewährt, wobei die Zügelanlehnung erhalten bleibt.

einen mehr oder minder deutlichen Zupfer bemerkbar macht, der im fortgeschrittenen Ausbildungsstadium intensiver auf Zunge und Maulwinkel und weniger auf die Laden wirken soll. Der Druck der Zügelhilfe im Pferdemaul äußert sich variabel und kann nötigenfalls vom leichten, energischen Ruck bis zur zarten Andeutung reichen, entweder einseitig oder gleichzeitig mit beiden Zügeln. Reagiert das Pferd beispielsweise auf eine einmalige Parade zum Halten nicht oder nur zögerlich, wird die Zügelhilfe mehrmals kurz hintereinander wiederholt, bis das Pferd steht. Zu Anfang der Ausbildung darf es allmählich auslaufen, mit zunehmender Ausbildungsreife und verstärktem Untersetzen der Hinterhand verkürzt sich die Auslaufstrecke.

Nach vollendeter Ausbildung, wenn die Hinterhand an muskulöser Kraft gewonnen hat, genügt die Andeutung eines Zügelzupfers, um das Pferd aus eigenem Antrieb reflexartig zum Stehen zu veranlassen. Jeder Parade gehen treibende Sitz- und Schenkelhilfen voraus, damit die Hintergliedmaßen zuvor vermehrt zum Vortritt und zur Gewichtsaufnahme angeregt werden und der Vorwärtsschub erhalten bleibt, der von der Zügelhilfe eingefangen wird.

Demonstration des zügelunabhängigen Sitzes ohne Zaum und Zügel in der Westernreitweise. Das Pferd reagiert reflexartig auf Sitz- und Schenkelhilfen. Hinterhandwendung um 180 Grad.

Versammlung im Gleichgewicht

Die dressurmäßige Reitweise gründet auf dem Prinzip der Versammlung im Gleichgewicht. Zügelhilfen halten stete Verbindung zwischen Reiterhand und Pferdemaul, regulieren den Vorwärtsschub und stabilisieren die Gangfolge. Das Pferd rundet sich – die kompakte Form wird am deutlichsten in der Piaffe – im Rahmen treibender Sitz- und Schenkelhilfen sowie einfangender Zügelhilfen zu einem kompakten Spannungsbogen, der einer elastischen Stahlfeder gleicht. Die Kruppe senkt sich, die Kopf-Hals-Partie richtet sich auf, die Profillinie des Pferdekopfes verharrt knapp vor der Senkrechten. Die unter den Rumpf gesetzte Hinterhand nimmt vermehrt Gewicht auf. In stetem Wechsel von Annehmen und Nachgeben korrespondieren die Zügelhände mit dem Pferdemaul, üben gleichwohl keinerlei Zugzwang aus, der Pferdehals wölbt sich ohne Einengung in

natürlicher Aufrichtung. Kraftvoll kommt der Schub aus der Hinterhand, das Pferd schreitet schwungvoll, taktgleich und gleichgewichtig aus, es »trägt sich selbst«.

Zweck und Ziel der Gymnastizierung ist die Kräftigung des Tragapparates, damit das Pferd die Reiterlast auf Dauer ohne gesundheitliche Schäden zu tragen vermag. Drei Entwicklungsphasen bestimmen den Aufbau der Versammlung, der je nach Veranlagung des Pferdes sechs bis acht Jahre währen kann. Die erste Phase intensiviert die Dehnungshaltung, also die weiteste Streckung des Pferdekörpers unter dem Reiter in jeder Gangart, damit sich die Rückenmuskulatur spannt und dehnt und das Pferd unter der Reiterlast sein Gleichgewicht wiederfindet und ausbalanciert. Die Dehnungshaltung muss zur Gymnastizierung und Stärkung der Rückenmuskulatur immer wieder, auch nach vollendeter Ausbildung, bis ins Alter gefordert und gewährt werden. Dabei nimmt der Reiter einen leichten Sitz ein, der den Rücken entlastet.

Wesentliche Stadien der Ausbildung unter dem Reiter.
Oben: Zu Anfang der Ausbildung sucht das junge Pferd den Gewichtsausgleich in der Tiefe, indem es die Kopf-Hals-Partie senkt. Weiteste Streckung des Pferde-körpers, die Zügel geben in ganzer Länge nach, der Pferderücken wird entlastet, die Rückenmuskulatur dehnt sich, die Hinter-gliedmaßen treten unvermindert fleißig vorwärts.
Mitte: Beginn dressurmäßiger Ausformung, das Pferd lernt, sein Gleichgewicht mit der Reiterlast auszubalancieren und taktgleich zu treten.
Unten: Versammlung in der Passage, die Profillinie des Pferdekopfes bleibt vor der Senkrechten, die Kopf-Hals-Partie ist nicht eingeengt und kann als »Balancierstange« das gemeinsame Gleichgewicht ungehindert ausloten. Während des gesamten Aus-bildungsprozesses werden zwei wesentliche Merkmale deutlich: Die Hintergliedmaßen setzen vermehrt nach vorn unter den Rumpf und die Kruppe wird niedriger, als Folge richtet sich die Kopf-Hals-Partie stärker auf, um das Gleichgewicht auszu-balancieren.

Die zweite Phase ist von der Arbeitshaltung, also von der natürlichen Haltung des Pferdes geprägt, in die der Reiter allmählich und be-hutsam, regulierend und formend eingreift, um fleißiges Untersetzen der Hintergliedmaßen, geringe Beizäumung und ge-meinsames Gleichgewicht zu stabilisieren sowie Schwung und Takt des Ganges zu kontrollieren und zu fördern.

Die dritte fortgeschrittene Phase schließlich steuert auf die vollendete Formgebung der Versammlung zu, wobei die Hinterhand das weiteste Untersetzen unter den Rumpf, die stärkste Hankenbeuge und die größte Ge-wichtsaufnahme erreicht. Das Pferd rundet sich zu einem federnden Spannungsbogen, der den Reiter im Gleichklang mitschwingen lässt.

Frei laufender Hengst im Imponiertrab und versammelter Hengst in der Passage. Das reiterlose, unversammelte Pferd entwickelt den Vorwärtsschub aus gestreckter Hinterhand in freier, natürlicher Aufrichtung und wirkt insgesamt gestreckt und entspannt, der Rumpf bleibt in waagerechter Position. Das gerittene und versammelte Pferd hingegen wirkt kürzer, kompakter und gerundeter, der Rumpf zielt leicht nach vorwärts-aufwärts. Die gebeugten Hintergliedmaßen fußen vermehrt unter den Rumpf, die Kruppe senkt sich, und als Folge richtet sich die Kopf-Hals-Partie auf. Der Vorwärtsschub zielt aufwärts und verwandelt sich in Tragkraft, das Pferd gleicht einer elastischen Stahlfeder, die das Reitergewicht auf gewölbter Rückenpartie wiegt. Die Fotos zeigen denselben Hengst; man vergleiche das stärkere Untersetzen der Hinterhand in der Versammlung. Vorbildlich ist die nachgebende Zügelführung.

*In der Piaffe steht die Glied-
maßenstütze auf »unsicheren
Füßen«. Die Standfläche reduziert
sich im Wechsel auf die Fußung
zweier diagonaler Hufe, die näher
beieinander stehen als im normalen
Stand. Insgesamt verringert sich
die Gliedmaßenstütze annähernd
auf die Hälfte der normalen Standfläche, die Balance wird erheblich
labiler. Vorbildlich nachgebende
Zügelführung (nach Fillis).*

Die zweifache Gliedmaßenstütze verkleinert sich in der Piaffe, das Gleichgewicht des Pferdes unter der Reiterlast wird labiler. Die verringerte Standfestigkeit macht das Pferd gleichzeitig für den Reiter beherrschbarer. Der unsichere Stand erfordert, dass der Reiter ausbalanciert und schwerpunktrichtig im Sattel sitzt und das Pferd durch leicht begleitende Zügelanlehnung in der Gleichgewichtsfindung unterstützt, ohne die Kopf-Hals-Partie in ihrer balancierenden Funktion zu stören. Der Pferdehals darf trotz leichter Beizäumung nicht eingeengt werden und muss in natürlicher Haltung lang, aufgerichtet und entspannt bleiben.

Die angestrebte Aufwölbung der Rückenmuskeln in der Versammlung ergibt sich aus vermehrtem Untersetzen der Hintergliedmaßen des Pferdes unter den Rumpf und mehr oder minder starker Beugung der Hanken, was besonders in der Piaffe deutlich wird. Bei stark verkürzter und beizäumender (knebelnder) Zügelführung, die den Pferdehals einrollt und die Kopfhaltung hinter die Senkrechte zwingt, strafft und verfestigt sich die Nacken-Rücken-Muskulatur in extremer Spannung und der Reiter wird im Sattel hart geworfen. Zusätzlich wird das Pferd durch die Einengung der Kopf-Hals-Partie gehindert, das Gleichgewicht unter der Reiterlast auszubalancieren. Die Trittfolgen verlieren an Schwung, die Tritte verkürzen sich, werden stampfend und unsicher. Darf das Pferd den Kopf hingegen ohne Einengung des Halses

in freier und natürlicher Aufrichtung vor der Senkrechten tragen, federn die Rückenmuskeln in wechselnder Spannung elastisch in der Gangfolge, der Reiter wird kaum geworfen und schwingt sanft im Rhythmus der Tritte mit. Das Pferd kann mit der »Balancierstange« der Kopf-Hals-Partie das gemeinsame Gleichgewicht ungehindert ausloten und schwungvolle Trittfolgen wagen, ohne das Gleichgewicht zu verlieren.

Das Zwiegespräch zwischen Reiterhand und Pferdemaul

● *Wer versucht ist, Herrschsucht im Sattel auszuleben, kann keinen entspannten und gelösten Einklang mit dem Pferd finden.*

● *Wer immerfort bestrebt ist, die Kopf-Hals-Partie des Pferdes mit den Zügeln anzuheben oder einzuengen, missversteht das Prinzip der Zügelführung, die immer nur sekundäre und begleitende Funktionen hat.*

● *Zügel sind keine Zugstränge für den Kraftsport grober Reiterfäuste, sie gleichen eher dünnen Stangen, die millimeterweise vorrücken, um dem Pferd Halsfreiheit zu gewähren.*

● *Nachgebende Zügelführung ist zwangfreie Verlockung für das Pferd, sich mit langem Hals entspannt an das Mundstück der Zäumung heranzudehnen, die Zügelhilfen willig anzunehmen und mit Kautätigkeit zu antworten.*

● *Die frei getragene, nicht eingeengte Kopf-Hals-Partie bildet die Balancierstange des Pferdes, dic unter der Reiterlast das gemeinsame Gleichgewicht auslotet und unterstützt.*

● *Vollendung und Krönung einfühlsamer Zügelführung gipfelt in sanfter Zwiesprache der Reiterhand mit der Pferdezunge unter weitgehendem Verzicht auf Ladendruck.*

Vergleich: Richtige nachgebende *(oben)* und falsche knebelnde Zügelführung *(unten)* in der Piaffe, die Kopf-Hals-Partie ist heruntergeriegelt, der Hals zeigt den falschen Knick, die Nacken-/Rückenmuskulatur ist überspannt. Das Pferd kann das gemeinsame Gleichgewicht nicht hinreichend ausbalancieren, die Trabtritte sind kurz und unsicher.

Schonung
für das Pferdemaul

Grundsätzlich unterscheidet man Zaumkonstruktionen mit Mundstück (Trense, Kandare etc.) von jenen ohne Mundstück, die das Pferdemaul nicht behelligen und vorwiegend Druck auf das knöcherne Nasenbein des Pferdes ausüben. Zu diesen zählt der Kappzaum, der ein wirksames Hilfsmittel für Erziehung und Ausbildung des Pferdes darstellt, das hierzulande jedoch kaum genutzt wird. Der Kappzaum findet Anwendung im Ausbildungsstadium sowohl des Pferdes als auch des Reiters. Die Wirkung des Kappzaums äußert sich in kurzen, mehr oder minder scharfen Paraden auf den Nasenrücken, auf die das Pferd über den Nervenreflex reagiert. Ständig anhaltender Druck würde Gegendruck hervorrufen und das Pferd ließe sich nicht beherrschen. Für den Reiter erfüllt der Kappzaum mit zwei Zügeln seine Aufgabe vornehmlich in begleitenden Signalen zur Trense, die dem jungen Pferd auf sanfte Weise die Beizäumung verdeutlichen, den Weg in die Wendung weisen oder zum Halten veranlassen, ohne Druck auf das Pferdemaul auszuüben.

Für das Reiten im Gelände, besonders in verkehrsreichen Regionen, kann der Kappzaum allein, ohne zusätzliche Zäumung mit Mundstück, nicht empfohlen werden, weil Pferde in Schrecksituationen damit nicht pariert werden können. Auch die Versammlung des Pferdes unter dem Reiter ist mit dem Kappzaum allein nicht möglich, weil weder eine Kautätigkeit noch eine differenzierte Zügelführung erzielt werden kann.

Durch Führen an der Hand mit dem Kappzaum wird das Pferd von Jugend an zum Gehorsam erzogen.

Die Grundkonstruktion des Kappzaums besteht aus dem eisernen Nasenbügel, der den Rundungen des Nasenbeins möglichst genau angepasst und in Leder eingenäht ist, so dass er mit der glatten Lederfläche auf dem Nasenrücken des Pferdes ruht. Je genauer die Passform, desto geringer die Gefahr, dass der Nasenbügel bei Anzug der Longe seitlich verrutscht. Der Kopfriemen (Genickstück mit Backenstücken) hält den Nasenbügel auf der gewünschten Höhe der Pferdenase. Die Backenstücke setzen möglichst weit vorn am Nasenbügel an, beide sind, wenn nötig, zusätzlich durch Verbindungsstege verbunden, damit der gewichtige Eisenbügel nicht

Der Kappzaum und seine verschiedenen Funktionen

- *Schon vor der Ausbildung dient er als Führhalfter zur Erziehung des ganz jungen Pferdes.*

- *Beim Longieren und bei der Arbeit an der Hand verschont er das empfindliche Pferdemaul.*

- *Bei reiterlicher Anwendung verdeutlicht er dem jungen Pferd ohne Maulschmerz die anfänglichen Zügelhilfen.*

- *In Kombination mit der Trense können die Zügelhilfen in gleitendem Übergang und maulschonender Weise allmählich auf das Mundstück übergehen und das Pferdemaul von Anbeginn sensibel erhalten.*

- *Fehlerhafte Zügelführung des Reitanfängers lenkt der Kappzaum auf das weniger empfindliche, knöcherne Nasenbein des Pferdes.*

- *Zudem ist er bei Zahnwechsel und Maulverletzungen unentbehrlich, wenn das Pferd kein Mundstück verträgt.*

Beginn der Dressurausbildung
mit Kappzaum und Trense.

nach unten kippt, sondern in waagerechter Position bleibt. Ein Ganaschenriemen setzt unterhalb der Augenhöhe an den Backenstücken an, damit diese bei seitlichem Zug der Longe nicht an die Augen rutschen. Stirn- und Kehlriemen sind überflüssig. Der Unterkieferriemen fixiert den Nasenbügel an der Unterseite des Pferdekopfes. Der Nasenbügel darf nicht unterpolstert werden, damit die Druckwirkung erhalten bleibt. Genickstück, Ganaschen- und Unterkieferriemen hingegen sind weich unterpolstert, um festen Sitz zu gewähren und Scheuerstellen zu vermeiden. Die Kautätigkeit des Pferdes darf indes nicht eingeschränkt werden. Der Nasenbügel ist an beiden Enden etwas auswärts gebogen, damit die Wangenhaut über den Backenzähnen nicht wundgerieben wird. Auf dem Nasenbügel sind drei Schnallringe für Führzügel, Longe und Reitzügel montiert, die beiden äußeren Ringe sitzen auf langen Stielen, um reiterliche Zügelhilfen zu betonen. Dieses relativ leichte und einfache Grundmodell entspricht dem seit Jahrhunderten bewährten spanischen Kappzaum ohne Verschärfungen an der Innenkante des Nasenbügels durch eingeschliffene Metallzacken (Serreta). Der Druck auf den Nasenrücken ergibt sich sowohl aus dem Eigengewicht des Nasenbügels als auch verstärkt durch Straffung des jeweiligen Zügels.

Im Handel werden zahlreiche Konstruktions-Varianten des Kappzaums mit aufwändigen, jedoch überflüssigen Lederriemen-Verschnallungen und dicken Unterpolsterungen angeboten, die dem Erziehungs- und Ausbildungszweck nicht gerecht werden. Notwendige Paraden dringen nicht durch, und im Notfall wäre ein ungebärdiges Pferd damit nicht zu halten. Derartige Instrumente sind Ausdruck falsch verstandenen Tierschutzes, der die Wesenheit des Pferdes missversteht. Der beschriebene einfache Kappzaum kann als optimales Instrument gelten, um ein Pferd konfliktfrei zum Gehorsam zu erziehen und es maulschonend und nahezu schmerzfrei mit dem Longieren sowie den Anfängen reiterlicher Zügelführung vertraut zu machen.

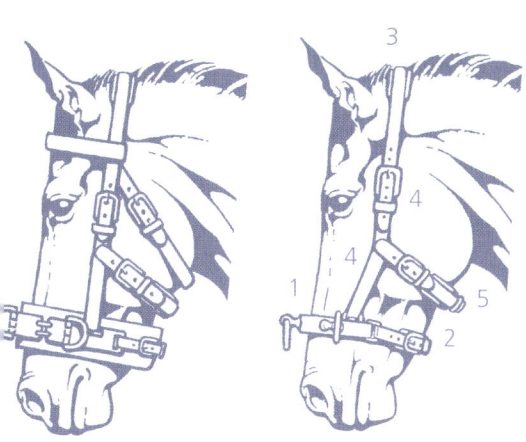

Kappzaum-Konstruktionen. ▲

Links: Breiter und dick gepolsterter Nasenbügel. Paraden dringen nicht auf den
Nasenrücken durch, Kehl- und Stirnriemen
sind überflüssig. Als Erziehungs- und Aus-
bildungsinstrument unbrauchbar.

Rechts: Grundkonstruktion des vielseitig
geeigneten Kappzaums, Kehl- und Stirnriemen entfallen. ① Eiserner Nasenbügel, in
Leder eingenäht, ohne Verschärfungen,
mit drei Schnallringen. ② Unterkieferriemen
mit Unterpolster. ③ Genickstück mit Unterpolster. ④ Backenstück, weit vorn am
Nasenbügel ansetzend. ⑤ Ganaschenriemen,
hält die Backenstücke von den Augen fern.

Kappzäume: ohne und mit Wirkung. ▶

Oben: Unbrauchbare, überpolsterte und mit
zu viel Leder ausgestattete Kappzaumkon-
struktion.

Unten: Einfacher Kappzaum nach spani-
schem Vorbild mit drei Ringen für jeden
Gebrauch.

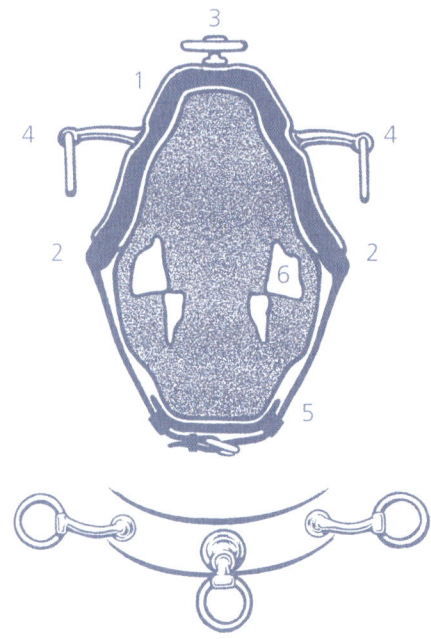

Nasenbügel des Kappzaums.
Querschnitt durch den Pferdekopf in Höhe der vorderen Backenzähne (meliert), von unten gesehen, Kappzaum (dunkel) in Leder (weiß) gefasst.

1. Der Eisenbügel muss möglichst genau der individuellen Nasenform des Pferdes angepasst sein, um seitliches Verrutschen, z. B. durch Longenzug, zu vermeiden.
2. Leicht auswärts gebogene Enden des Nasenbügels verhindern seitlichen Druck auf die Backenzähne und ermöglichen die Kaubewegung ohne Reibung.
3. Mittelring auf kurzem, drehbarem Stiel zum Longieren und für Lektionen an der Hand.
4. Seitenringe auf langen Stielen (ca. 7 cm) für reiterliche Zügelführung, für die Doppellonge und lange Zügel. Die Schnallringe sollten an den Stielen möglichst olivenkopfähnlich befestigt sein, damit sie nicht in störender Weise klingeln oder klappern.
5. Unterkieferriemen mit Polster zwischen Schnalle und Kinn.
6. Backenzähne.

Bei Verwendung des Kappzaums zu Fuß, beim einfachen Führen, beim Longieren und bei Lektionen an der Hand ist zu beachten, dass der Ausbilder, soweit möglich, die Gebärden- und Körpersprache des Pferdes imitiert, um vom Pferd deutlich verstanden zu werden. Die leise Stimme geht stets unmittelbar jeder Parade voraus. Das Pferd soll begreifen, dass auf jedes Kommando, das nicht befolgt wird, der schmerzhafte Ruck auf das Nasenbein folgt. Schon bald genügt allein die Stimme ohne Parade, auf die das Pferd vorauseilend und gehorsam reagiert. Der Ausbilder soll nicht auffällig und unkontrolliert herumfuchteln, keine überflüssigen Worte äußern und nicht laut werden, um dem Pferd nicht das Erscheinungsbild eines Kontrahenten zu bieten, gegen den es widersetzlich und aggressiv aufbegehren kann.

Bei unbegründeter, extremer Widersetzlichkeit kann der Kappzaum kurzfristig auf tiefe Position geschnallt werden. Die harte Wirkung respektiert jedes Pferd.

*Der kurze, kräftige Ruck un-
auffällig aus dem Handgelenk
verdeutlicht auch dem unge-
bärdigsten Hengst den Führungs-
anspruch des Menschen.*

Schon das einjährige, noch völlig unausgebildete Pferd kann mit dem Kappzaum auf einfache Weise zum Gehorsam erzogen werden. Die Auswirkung bleibt nach kurzzeitiger Anwendung dauerhaft im Pferdegedächtnis haften, auch wenn der Kappzaum nicht mehr benutzt wird. Ein ungestümes, zweijähriges Pferd, das an der Hand geführt wird, ist mit normalem Stallhalfter kaum zu halten und zur Ordnung zu rufen. Mit Kappzaum genügt einige Male ein kräftiger Ruck am Führzügel, eher beiläufig und unauffällig aus dem Handgelenk, der augenblicklich einen heftigen Druckschmerz auf dem Nasenrücken auslöst. Der kurze, energische Ruck im Augenblick des Ungehorsams, und zwar nur dann und so sparsam wie möglich angewendet, veranlasst auch ungebärdigste Hengste sogleich zum Gehorsam. Die Wirkung ist nachhaltig, das Pferd speichert den Augenblicksschmerz für alle Zeiten im Gedächtnis, und der Kappzaum wird bald überflüssig. Der Mensch tritt bei dezenter Anwendung als strafende Person nicht in Erscheinung, das Pferd gewinnt den Eindruck, dass es sich durch Ungehorsam oder Fehlverhalten selbst bestraft. Kämpferische und kräftemessende Auseinandersetzungen zwischen Mensch und Tier werden so vermieden.

Der schmerzhafte Ruck auf das Nasenbein, der zumeist nur wenige Male eingesetzt wird und keine Verletzungen verursacht, mag zunächst grob erscheinen, doch er entspricht dem Pferdeverhalten. Pferde gehen keineswegs zimperlich miteinander um, wenn es Rangstreitigkeiten auszufechten gibt. Die Wirkung des Kappzaums wird vom Pferd ohne Gegenwehr akzeptiert, weil kein Gegner in Erscheinung tritt. So kann der Kappzaum, obgleich von durchschlagender Wirkung, als pferdefreundlich bezeichnet werden, weil er dem Pferd Dauerschmerzen erspart und nur kurzfristiger Anwendung bedarf.

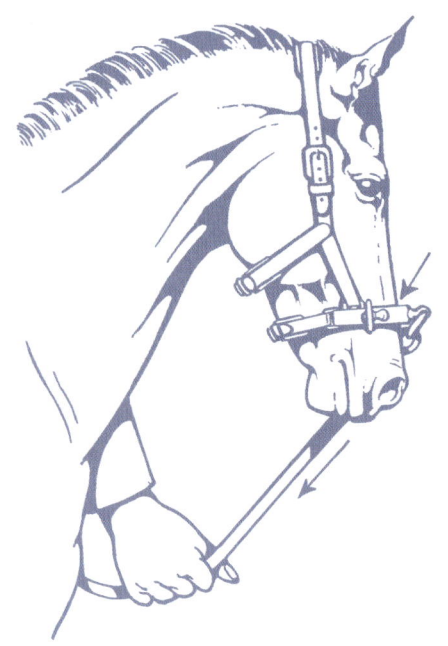

Führen an der Hand.
Am Kappzaum lernt das junge Pferd, auf gleicher Höhe neben dem Ausbilder zu gehen. Paraden auf das Nasenbein veranlassen es zum Gehorsam.

Zum Anlongieren des jungen Pferdes wird der Kappzaum anfangs kurzfristig allein gezäumt, um das Pferdemaul zu schonen. Sodann wird zusätzlich zum Kappzaum der Trensenzaum mit Ausbinde- oder Schlaufzügel aufgelegt. Die Longe kann am Mittel- oder Innenring des Kappzaums eingehakt werden; am Innenring ist der Zugzwang des Longengewichts etwas gemildert und der Kappzaum kann sich am Pferdekopf kaum schief ziehen. Keinesfalls darf die Longe am inneren Trensenring eingeschnallt werden, weil die Zugkraft der Longe den äußeren Trensenring schmerzhaft in das Pferdemaul zieht und Zunge und Laden quetscht. Im Gegenhalten verkrampft das Pferd die Halsmuskulatur.

Ausbindezügel sind so lang geschnallt, dass der Pferdehals nicht verkürzt und eingeengt wird und die Profillinie des Pferdekopfes vor der Senkrechten bleibt. Gleichwohl ist der Bewegungsradius der Kopf-Hals-Partie eingeschränkt, besonders beim Senken und Anheben des Kopfes. Sind die starren Hilfszügel zu kurz geschnallt, können Pferdezunge und Laden in der Gangbewegung durch Riegeln des Trensenmundstücks wundgerieben werden. Schlaufzügel sind meist besser geeignet, denn das Pferd kann die Kopf-Hals-Haltung weitgehend selbst bestimmen und die Halsmuskulatur in wechselnder Weise entspannen. Die Paraden der Longe wirken allein auf die Pferdenase, während die Trense vom Pferd auf Zunge und Laden selbsttätig in die bequemste Lage gerückt werden kann.

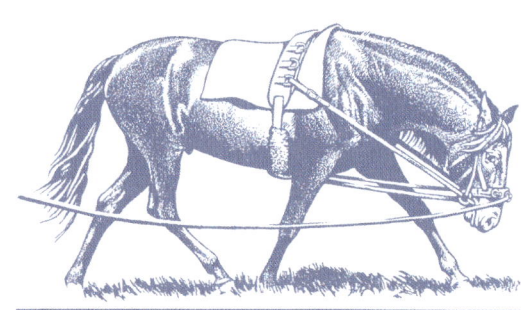

Longieren mit Kappzaum und Schlaufzügeln.
Die Longe ist am Kappzaum eingehakt, das Pferdemaul wird nicht in Mitleidenschaft gezogen. Die Schlaufzügel gleiten stufenlos durch die Trensenringe, das Pferd kann die Kopfhaltung weitgehend selbst bestimmen.

Der Kappzaum ist die unverzichtbare Zäumung für die Longenarbeit, um das Pferdemaul zu schonen. Das Einhaken der Longe in den Trensenring muss strikt vermieden werden. Mit statuengleicher Körperhaltung drückt der Longenführer Autorität und Führungsrolle des »ranghöchsten Artgenossen« aus.

Auch für lösende und versammelnde Übungen an der Hand bietet sich der maulschonende Kappzaum an. Es ist zweckmäßig, den Führzügel am seitlichen, inneren Kappzaumring einzuhaken, um zu verhindern, dass sich das äußere Backenstück bei kräftigen Paraden verzieht und das äußere Auge berührt. Bei Richtungsproblemen des Pferdes sollte der mittlere Kappzaumring bevorzugt werden. Der Ausbilder bleibt im Schulterbereich hinter den Augen des Pferdes, um optisch eine vortreibende Wirkung auszuüben. In aufrechter, ruhiger Haltung und auf Armlänge hält er Abstand zum Pferd, um in dessen Blickwinkel zu bleiben. Drängt das Pferd zu ihm hin, halten es Paraden, Vibrieren mit dem Führzügel oder Wegdrücken des Pferdekopfes mit der Zügelfaust auf Distanz. Jede Übung beginnt durch Aufforderung mit der Stimme kurz vor Einsatz der Hilfe. Der Kappzaum kann anfangs allein und anschließend mit zusätzlicher Trensenzäumung und Ausbindezügeln Verwendung finden.

Arbeit an der Hand mit Kappzaum, Führzügel und Ausbindezügeln. Die Führ-person hält Abstand auf Armlänge, um voll im Blickfeld des Pferdes zu bleiben.

Erziehung an der Hand.
Der Führzügel (ca. 2 m langer Riemen mit Schnalle oder Karabinerhaken am Anfang und Handschlaufe am Ende) wird am Mittel- oder Innenring des Kappzaumes einge- hakt oder eingeschnallt. In Verbindung mit dem Kappzaum dient er der Erziehung des Pferdes z.B. beim Führen an der Hand. Wenige kurze, harte Nasenstüber lehren jedes Pferd den Gehorsam, wobei das emp- findliche Pferdemaul verschont wird. Bei der Arbeit an der Hand wird das Pferd zusätzlich mit einfachem Trensenzaum (schraffiert) und mit Ausbindezügeln gezäumt. Der Führzügel (Pfeil) wird in erforderlicher Länge mit der linken Hand gehalten und die Gerte mit der rechten – oder umgekehrt. Der Nasen- Kinnriemen des Kappzaumes wird unter die Backenstücke geschnallt, damit das Trensengebiss beweglich bleibt. Erfahrene Ausbilder bevorzugen Ausbindezügel ohne dehnbare Gummiringe, damit sich die Kopf- Hals-Partie an einen festen Endpunkt heran- dehnen kann.

Sowohl im reiterlichen Ausbildungsstadium des jungen Pferdes als auch in der Schulung des Reitanfängers ist der Kappzaum mehrfach von Nutzen. Um das empfindliche Pferdemaul nahezu schmerzfrei an das Trensenmundstück zu gewöhnen, kombiniert man es mit dem Kappzaum. Der Reiter bedient zwei Zügel- paare: Die Zügelhilfen erfolgen anfangs nur über den Kappzaum auf das Nasenbein, während die Trense passiv zur Gewöhnung im Pferdemaul liegt. Wenn das Pferd auf den Nasendruck reagiert, setzen ganz allmählich in gleitendem Übergang die Trensenhilfen mit leichtem Druck und Spiel auf Zunge und Laden ein. Die Kappzaumzügel werden in die beiden Außenringe eingeschnallt, ihre Zügel- hilfen sorgen für eine leichte Beizäumung, ohne den Pferdehals einzuengen, und ver- deutlichen die Wendung. Die Trensenhilfen bewirken in fein dosiertem Spiel der Zügel- hände die Aufrichtung der Kopf-Hals-Partie. Die Zügelhilfen über den Kappzaum auf die Pferdenase bestehen aus reflexartig kurzem, wechselndem Annehmen und Nachgeben, gewissermaßen aus Nasenstübern der Erinne- rung oder Ermahnung an die Beizäumung, die keinen permanenten Zwang der Zügelan- lehnung aufkommen lassen, sondern dem Pferd vermitteln, dass es den Hals jederzeit entspannen kann. Keinesfalls darf es in star- re Beizäumung hinter die Senkrechte ge- zwungen werden.

Reiterliche Zügelführung mit Kappzaum, Trensenzaum und vier Zügeln im Ausbildungsstadium des Pferdes. Die tiefe Schnallung des Kappzaums entspricht der des Hannoverschen Reithalfters. Das Auflegen zweier Zäumungen mit »viel Leder« ist nur kurzfristig und vorübergehend für schnelles Auflegen und Abnehmen des Kappzaums vertretbar. Bei längerer Anwendung sollte auf Reithalfter und tiefe Schnallung des Kappzaums verzichtet werden.

Ebenso kann das Maul des Schulpferdes mit dem Kappzaum vor ungeschickten und ungeübten Zügelhänden des Reitanfängers geschützt werden, wenn dieser zunächst über die Kappzaumzügel die Zügelführung übt und die Trensenzügel etwas durchhängend nur begleitend bedient. Zudem lernt er von Anbeginn mit zwei Zügelpaaren umzugehen, was für eine spätere Ausbildung mit Dressurkandare nützlich ist. Wenn beide Zügelpaare gleichmäßig anstehen, ergibt sich beim Senken und Anheben des Pferdekopfes eine Wechselwirkung des Zügeldrucks vom Pferdemaul auf die Pferdenase. Die Anwendung eines Reitkappzaums mit Trensenmundstück verzichtet auf überflüssiges Leder.

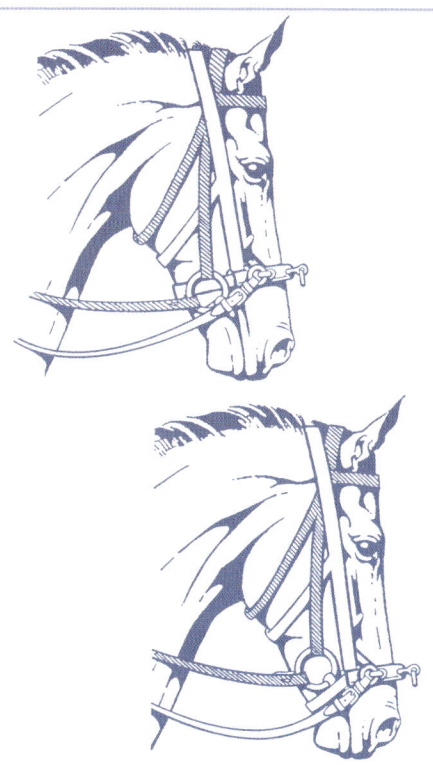

Reitkappzaum.

Oben: Reitkappzaum mit zwei Zügeln ohne Trensenzaum für reiterlichen Gebrauch. Die Stiele der äußeren Schnallringe sind bis zu 7 cm lang und ragen seitlich heraus, um dem jungen Pferd das Abbiegen in die Wendungen zu verdeutlichen.

Unten: Leichter Reitkappzaum kombiniert mit Olivenkopftrense. Maulschonende Kombinationszäumung für die Ausbildung junger Pferde, die auf »viel Leder« verzichtet und sich vortrefflich auch für Reitanfänger zur Erlernung der Zügelhilfen mit vier Zügeln auf dem ausgebildeten Pferd eignet.

Kappzaum mit Trensenzäumung.

Oben: Reiterlicher Gebrauch des Kappzaums mit zusätzlichem Trensenzaum (schraffiert) und zwei Zügelpaaren. Ganaschenriemen und Kinnriemen des Kappzaums müssen unter den Backenstücken des Trensenzaums verlaufen, damit die Beweglichkeit des Trensenmundstücks für die Zügelhilfen erhalten bleibt. Der Nasenbügel liegt – der Position des Englischen Reithalfters entsprechend – auf der oberen, knöchernen Nasenpartie, die Druckwirkung ist mild.

Unten: Bei tiefer Verschnallung (entsprechend der des Hannoverschen Reithalfters) verläuft der Kinnriemen unterhalb des Trensenmundstücks um die Kinngrube. Der Nasenbügel ruht auf der unteren, empfindlichen Nasenpartie, die Druckwirkung verschärft sich. Nicht für empfindliche Pferde und nur für sehr feinfühlige Zügelhände geeignet. Keine Verwendung von Reithalftern!

Links: *Kappzaum, der oberhalb des Mundstücks um den Pferdekopf geschnallt ist. Der Druck konzentriert sich auf das knöcherne Nasenbein und hat eine weiche Wirkung. Rechts: Der Kappzaum liegt tiefer, der Kinnriemen verläuft unterhalb des Mundstücks um die Kinngrube, auf der unteren Nasenpartie verschärft sich die Druckwirkung. Die linke Schnallung entspricht dem Englischen, die rechte dem Hannoverschen Reithalfter. Beide Reithalfter sind überflüssig.*

Grundsätzlich vorauszusetzen, das Pferd müsse unterworfen werden, um es beherrschen zu können, ist ebenso irrig wie die Annahme, man müsse ihm jede Willensäußerung gestatten, damit das Tier seinem Naturell und der Mensch dem Tierschutz gerecht werde. Die Rangordnung in der Herde wird durch raue Erziehung der Artgenossen untereinander geregelt, die jedes Tier in seine Schranken weist und Dreistigkeiten sofort ahndet. Sentimentale Verhätschelung der Pferdenatur im Umgang, die jede Unart durchgehen lässt, grundloses Füttern von Leckerbissen ohne vorangegangene Leistung, etwa um Unarten zu beschwichtigen und zum Gehorsam zu bestechen, wird vom Pferd als Bestätigung seines Ungehorsams verstanden und artet schließlich in aggressives Betteln und Respektlosigkeit aus. Das gut gemeinte Missverständnis, das Pferd als dankbares Schmusetier zu betrachten in der trügerischen Hoffnung, es werde Nachgiebigkeit honorieren, kann zum Risiko für den »Tierfreund« geraten. Schwächen und Fehler des Menschen nutzt das Pferd instinktiv gemäß dem angeborenen Rangordnungsverhalten, um seinen Willen durchzusetzen, mitunter mit rüden Methoden des Herdenverhaltens. Zaghaftes und unentschlossenes Reagieren des Menschen verleitet das Pferd, die Führungsrolle zu übernehmen.

Nur entschiedenes und entschlossenes, energisches und tonangebendes Handeln des Menschen kann einen Rollentausch verhindern. Pferde gehen nicht zimperlich miteinander um, besonders Hengste, die eine Führungsposition anstreben, weil sie auf »Herdenchef« programmiert sind. Hat sich das Pferd erst einmal durchgesetzt, ist der Weg zu Widersetzlichkeit und Aggression nicht weit. Als Folge greift der Mensch zu physischer Bestrafung, das Pferd wird schließlich zum »Verbrecher« abgestempelt. Bösartige Pferde sind fast immer vom Menschen gemacht, Vererbungsfehler sind eher selten verantwortlich. Entschiedenes Eingreifen des Ausbilders durch ablenkende Manöver und Lektionen, die den Arbeitseifer des Pferdes wecken, vermeidet Konfrontationen.

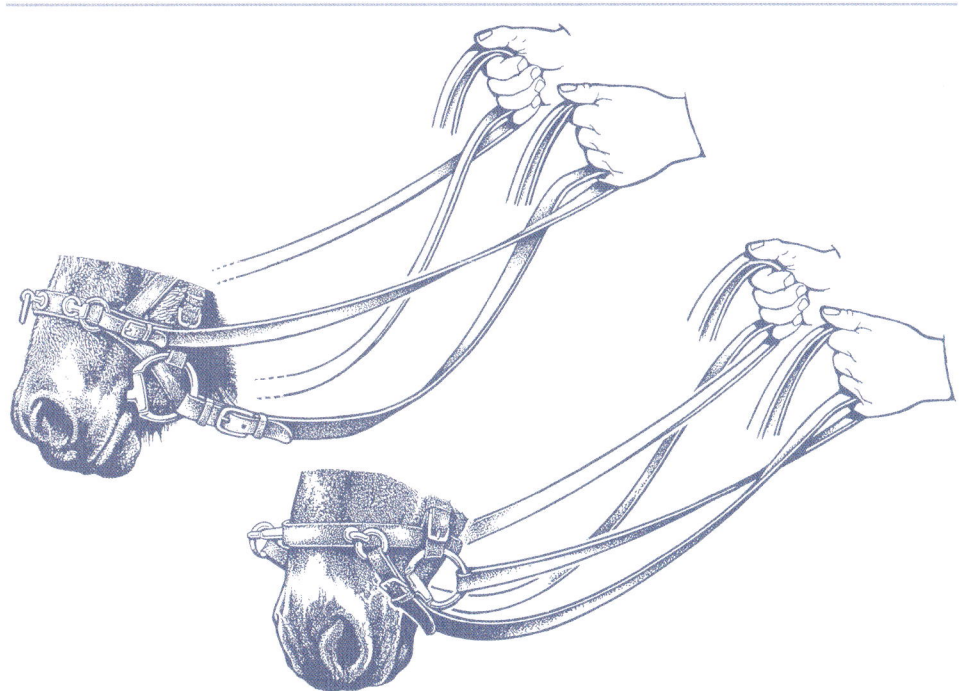

Zügelführung Kappzaum-Trense.

Oben: Zügelhaltung im Anfangsstadium der Ausbildung des jungen Pferdes, Kappzaum mit zusätzlichem, separatem Trensenzaum ohne Reithalfter. Die Kappzaumzügel übernehmen – besonders bei sehr maulempfindlichen Pferden – zunächst alle Zügelhilfen. Jede Hand hält einen Kappzaum- und einen Trensenzügel. Die Kappzaumzügel bleiben wegen der seitwärts herausragenden Ringstiele am Nasenbügel stets außen, die Trensenzügel verlaufen innen dicht am Pferdehals. Die Kappzaumzügel laufen unterhalb des kleinen Fingers, die Trensenzügel zwischen kleinem Finger und Ringfinger in die Zügelfäuste, beide zusammen verlassen diese oben zwischen Daumen und Zeigefinger, alle vier Zügelenden hängen zwischen der rechten Seite des Pferdehalses und den beiden rechten Zügeln herab. Das Spiel der kleinen Finger kann wechselnden Druck auf die Pferdenase ausüben, während die Trensenzügel im Ruhezustand verharren. Der Kapp-zaumbügel liegt oben auf dem knöchernen Bereich der Pferdenase, wo sich ein milder Druck ausüben lässt. Reitanfänger auf Ausbildungspferden können dem Pferdekopf über die Kappzaumzügel durch ungeschickte Zügelführung kaum Schmerzen zufügen.

Unten: Kappzaum mit angeschnalltem Trensenmundstück ohne Trensenzaum, auf scheuerndes und drückendes Leder wird verzichtet. Mit fortschreitender Ausbildung des jungen Pferdes gleiten die Zügelhilfen sanft, spielerisch und nahezu unmerklich auf die Trense über, die Dominanz der Kappzaumzügel tritt allmählich in den Hintergrund. Aus diesem Grund laufen die Kappzaumzügel nunmehr zwischen kleinem Finger und Ringfinger, die Trensenzügel unterhalb des kleinen Fingers in die Zügelhände. Auf diese Weise können die kleinen Finger sanft mit der Trense im Pferdemaul spielen, während die Kappzaumzügel ihre Priorität abgegeben haben und eher passiv und bewahrend auf die Beizäumung des Pferdekopfes einwirken.

Körpersprache des Ausbilders

Um die notwendige Führungsposition des »ranghöchsten Artgenossen« zu behaupten, simuliert der Ausbilder, soweit möglich, die Körpersprache des Pferdes, um sich mit deren Ausdrucksmustern verständlich zu machen. Wie das Leittier einer Herde durch Imponierhaltung Respekt erheischt, verleiht der Ausbilder seinem Erscheinungsbild in Gegenwart des Pferdes eine außergewöhnliche Größe, um die ranghöchste Position zu betonen. Wenngleich das Pferd den Zweibeiner nicht wirklich als Artgenossen anerkennt, respektiert es dessen Gebärdensprache, wenn sie verständlich ist. Gebeugte, gekrümmte oder geduckte Körperhaltung signalisiert dem Pferd – wie im Herdenverhalten – Unterwürfigkeit, so dass der Ausbilder an Respekt einbüßt. Souveräne, gestreckte Körperhaltung mit erhobenem Kopf fordert Respekt, wie die Imponierhaltung des Leittiers. Dazu zählt auch die Wahrung angemessener Individualdistanz, etwa bei der Ausbildung an der Hand. Der Ausbilder hält Abstand auf Armlänge, damit er im Blickfeld des Pferdes bleibt, so dass es jede Bewegung wahrnehmen, ihn aber nicht widersetzlich bedrängen oder anrempeln kann. Beim Longieren kann der Longenführer mit knappen Gesten und Gebärden Missbilligung oder Zustimmung ausdrücken. Frontale Zuwendung mit Blickkontakt zum Pferdeauge empfindet das Pferd als Konfrontation oder Abweisung, es fühlt sich aufgefordert oder angetrieben. Abwendung im Profil und Wegschauen wirken versöhnlich, nachlassend oder beruhigend.

Die Reitbahn ist ein Ort der Stille, leise gesprochene Worte und Kommandos steigern die Aufmerksamkeit des Pferdes. Immer gleiche Modulationen der Stimme gehen körperlichen Einwirkungen voraus, bis das Pferd mit der Zeit allein schon auf akustische Signale reagiert. Unartikuliertes Gebrüll, das nichts aussagt, überraschende und erschreckende, hastige und ziellose Bewegungen, die Kommandos nicht zielgerichtet begleiten, sind unverständlich und irritieren das Pferd. Der Ausbilder muss stets bedacht sein, »sein Gesicht zu wahren«. Wenn das Pferd überfordert wird und die gewünschte Leistung nicht erbringen kann, muss der Mensch seine Aufforderungen an das Tier zunächst reduzieren, er kann sich nicht durchsetzen und verliert an Autorität. Deshalb sollte man immer nur kleine Fortschritte verlangen, die unterhalb der Höchstleistung bleiben und mehrfache Wiederholungen vermeiden, um dem Pferd deutlich zu machen, dass es die Aufgabe zufriedenstellend gelöst hat. Schon bei gutem Willen muss gelobt und belohnt werden, auch wenn das optimale Ergebnis auf sich warten lässt.

Beobachtungen von Verhalten, Körper- und Gebärdensprache der Pferde untereinander in frei lebender Herde vermitteln dem Ausbilder Wege der Verständigung zwischen Mensch und Tier. Indem er sich weitgehend der Ausdrucksmittel des Pferdeverhaltens bedient, weckt er Vertrauen und kann sich dem Pferd verständlich machen. Bevor Gehorsam verlangt wird, muss eine breite Vertrauensbasis geschaffen werden. Das Erziehungsprinzip beruht auf Lob und Belohnung. Bei erkennbarem Ungehorsam oder gezielter Widersetzlichkeit muss sofort auf möglichst sparsame Weise gerügt werden; bereits die erhobene Stimme kann Strafe bedeuten. Erfolgt eine Strafe – insbesondere physisch – erst Minuten später, ist sie für das Pferd unverständlich, weil es den Zusammenhang nicht erkennt.

Zusammenfassend bleibt festzustellen, dass der Kappzaum Zunge, Laden und Maulwinkel des jungen Pferdes im Ausbildungsstadium vor Schmerz, Verletzung und Abstumpfung bewahrt und sensibel erhält, und dass Reitanfänger auf ausgebildeten Pferden die Zügelführung erlernen können, ohne dem Pferdemaul zu schaden. Der Gebrauch des Kappzaums zu Fuß verlangt vom Ausbilder eine eindeutige Körpersprache, die dem Pferdeverhalten entlehnt ist und die das Pferd versteht. Gezielte Bewegungen begleiten und unterstreichen gewünschte Lektionen, denen das stimmliche Kommando unmittelbar vorausgeht. Der strafende Ruck auf die Pferdenase erfolgt unauffällig, sofort und energisch auf das Fehlverhalten, ohne dass das Pferd eine drohende Bewegung wahrnimmt. Voraussetzung für erfolgversprechende Wirkung ist verhaltensgerechte Anwendung des beschriebenen Kappzaums, der dem Pferd bei Ungehorsam und Widersetzlichkeit nachhaltig verdeutlicht, dass der Mensch die Führungsposition des »ranghöchsten Leittieres« innehat, und der gleichwohl optimale Forderungen des Tierschutzes erfüllt.

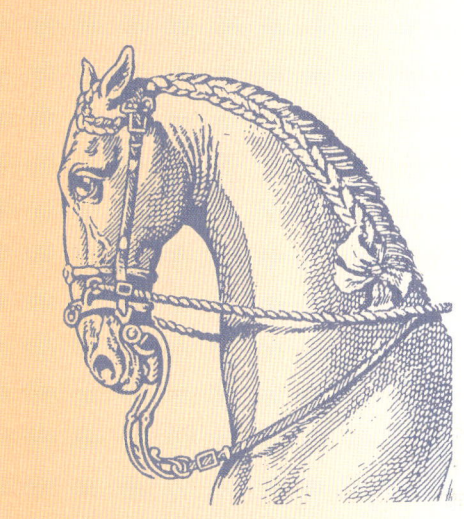

Faustregeln für den Kappzaum

- *Universalzäumung für Erziehung und Ausbildung des Pferdes, sowohl an der Hand als auch im Sattel, die das empfindliche Pferdemaul nicht behelligt und Maulschmerz vermeidet.*

- *Der in den Nasenriemen eingenähte Eisenbügel muss der Nasenrundung genau angepasst sein, damit er nicht verrutscht. Die Innenseite des auf dem Nasenrücken liegenden Nasenbügels besteht aus glattem Leder ohne Verschärfungen (z. B. Metallzacken, Metallstifte etc.).*

- *Ganaschen- und Unterkieferriemen sind am Unterkiefer weich unterpolstert und sorgen für einen festen und möglichst unverrückbaren, nicht aber einzwängenden Sitz des Kappzaumes, die Kaubewegung muss möglich sein.*

- *Der Nasenbügel ruht auf dem oberen, knöchernen Bereich des Nasenrückens ein bis zwei Fingerbreiten unterhalb des Jochbeins.*

- *Beide Außenringe sitzen auf längeren Stielen, um bei Zügelführung mit zwei Zügeln oder Leinen deutliche Lenkhilfen übertragen zu können.*

Der Fremdkörper
im Pferdemaul

Ansatzpunkt für Zaum und Zügel ist das höchst empfindliche Pferdemaul, in dessen zahnfreiem Raum zwischen vorderen Backenzähnen und Hakenzähnen (bei Hengsten und Wallachen, seltener bei Stuten) das Mundstück der Zäumung liegt. Die Schneidezähne ganz vorn dienen der Nahrungsaufnahme, sie zupfen und rupfen kneifzangenartig Gräser und Kräuter. Die Hakenzähne besitzen keinerlei Funktion, die Backen- oder Mahlzähne zermahlen das Futter. Gaumen und Unterkieferäste (Laden) im zahnfreien Raum, in dem das Metallmundstück liegt, sind mit einer dünnen Schleimhaut ausgekleidet, die stark durchblutet, nervlich reich ausgestattet, sehr schmerzempfindlich und leicht verletzlich ist. In der Zeit des Zahnwechsels (2.–4. Lebensjahr) verändert sich die Anordnung der Zähne, wobei vorübergehend natürliche Entzündungen des Zahnfleisches entstehen. Mitunter wachsen unmittelbar vor den vorderen Backenzähnen sog. Wolfszähne aus dem Oberkiefer (etwa 1 cm lang, ein Relikt aus Urpferdzeiten), die keine Funktion haben. Sie ragen in den zahnfreien Raum hinein und können, wenn sie an das Metallmundstück stoßen, Schmerzreaktionen auslösen. Durch ungleiche Abnutzung der Backenzähne können Zahnhaken entstehen (scharfe Spitzen an der Außenwand der Backenzähne), die beim Kauen die innere Wangenschleimhaut verletzen, zumal dann, wenn Teile der Zäumung von außen gegen die Wangen drücken. Ältere Pferde können von Zahnerkrankungen,

Zäumung und Mundstück müssen Pferdekopf und Pferdemaul angepasst sein wie ein Maßanzug.

langwierigen Zahnfleischentzündungen und Vereiterungen heimgesucht werden, die das Metallmundstück im Pferdemaul unerträglich machen. Wenn sich zu den natürlichen Beschwernissen noch ein schmerzendes Mundstück und grobe Zügelführung gesellen, kann ein Pferd in Panik geraten und ein Risiko für Reiter und Umwelt darstellen. Auf Dauer wird es sich weigern, eine Zäumung mit Mundstück zu akzeptieren, oder es wird die Hilfengebung des Reiters ignorieren oder sich jeder Einwirkung widersetzen, weil es durch Maulschmerz abgelenkt ist.

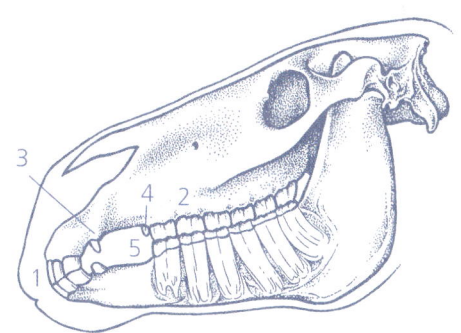

Schädel des ausgewachsenen Pferdes.
① Schneidezähne, ② Backenzähne oder Mahlzähne, ③ Hakenzähne, ④ Wolfszahn (seltener vorhanden), ⑤ Zahnfreier Raum, in dem das Mundstück der Zäumung liegt.

Anatomische Form, individuelle Größe des Pferdemaules und Länge des zahnfreien Raumes können höchst unterschiedlich gestaltet sein. Die Unterkieferäste (Laden) können eng zusammen- oder weiter auseinanderstehen, sie können schmal und scharfkantig oder breit und rundlich geformt sein.

Die Zunge kann lang oder kurz, flach oder dick, der Gaumen flach oder nach oben gewölbt, im zahnfreien Raum breit oder schmal ausgebildet sein. Anatomische Kriterien wirken sich positiv oder negativ auf die Zügelführung aus. Sie erfordern eine genaue Bestimmung der Maulanatomie und sorgfältige Auswahl von Mundstück und Zaum, besonders im Hinblick auf das Mittelgelenk der Trense und die Zungenfreiheit der Kandare, die gegen den Gaumen stoßen und auf die Zunge drücken kann. Mit gleicher Sorgfalt muss die Verletzlichkeit von Laden und Maulwinkeln bedacht werden, die durch ausgeleierte Trensenringe oder bewegliche Kandarenhebel gebrochener oder starrer Mundstücke droht. Das letzte Wort indes hat die Zügelhand, die durch sanfte Einfühlung die gesamte Hilfengebung verfeinern oder durch brutale Gewalt zunichte machen kann.

Manche Mundstücke sind derart konstruiert, dass sie vorwiegend auf dem elastischen Zungenpolster liegen, manche verteilen den Druck gleichmäßig auf Zunge und Laden, andere ruhen vornehmlich auf den Laden. Die beiden Unterkieferäste sind feste, unbewegliche, von dünner Schleimhaut umkleidete Knochenleisten, die dem Druck des Mundstücks nur nach rückwärts ausweichen können oder aber widerstehen, wenn sie total abgestumpft sind. Durch ihre Unbeweglichkeit können sie sich dem Druckschmerz grober Zügelführung kaum entziehen und zeigen dann auch die häufigsten und auffälligsten Spuren schmerzhafter Einwirkungen.

Ganz besonderes Augenmerk muss der hochempfindlichen Pferdezunge gelten. Sie bildet das sensible Zentrum der Zügelführung, das der Reiterhand äußerstes Feingefühl abverlangt – mit jeder Zäumung mit Mundstück und in jeder Reitweise. Die Zunge ist allseits beweglich, sie kann ihre Lage im Pferdemaul horizontal und vertikal verändern, kann sich verlängern und verkürzen, aufwölben oder abflachen. Sie reagiert höchst empfindlich auf Druckschmerz und kann sich entziehen, indem sie sich über das Mundstück legt, und sie kann durch Gebisskonstruktionen mit Röllchen und anderen Zusätzen wundgerieben und erheblich verletzt werden. Das gebrochene oder ungebrochene Mundstück der Zäumung ruht, je nach Konstruktion, mehr oder weniger direkt auf dem elastischen Zungenpolster. Je stärker der Zügelanzug, desto größer wird der Druckschmerz, der auf die Zunge einwirkt. Die einfühlsame Zügelhand fordert die Pferdezunge durch sanfte Signale und Zupfer zu spielerischem Gegendruck und damit zu wechselseitigem Zwiegespräch, ohne sie gewaltsam gegen den Unterkiefer zu pressen und Druckschmerz auszulösen. Die sanfte Wechselrede übermittelt dem Reiter, ob das Pferd mit der Zügelführung einverstanden ist. Eine Pferdezunge, die durch grobe Zügelstraffung an den Unterkiefer gequetscht wird, kann der Zügelhand nicht antworten und keine Gesprächspartnerin sein. Krönung und Vollendung einfühlsamer Zügelführung ist die Zwiesprache der Reiterhand mit der Pferdezunge unter weitgehendem Verzicht auf Ladendruck.

Oben: *Doppelt gebrochene Trense mit Kupferrolle, maulfreundliche Zäumung.*
Unten: *Dressurkandare mit Unterlegtrense; zwei Mundstücke füllen das Pferdemaul – sie müssen präzise angepasst sein.*

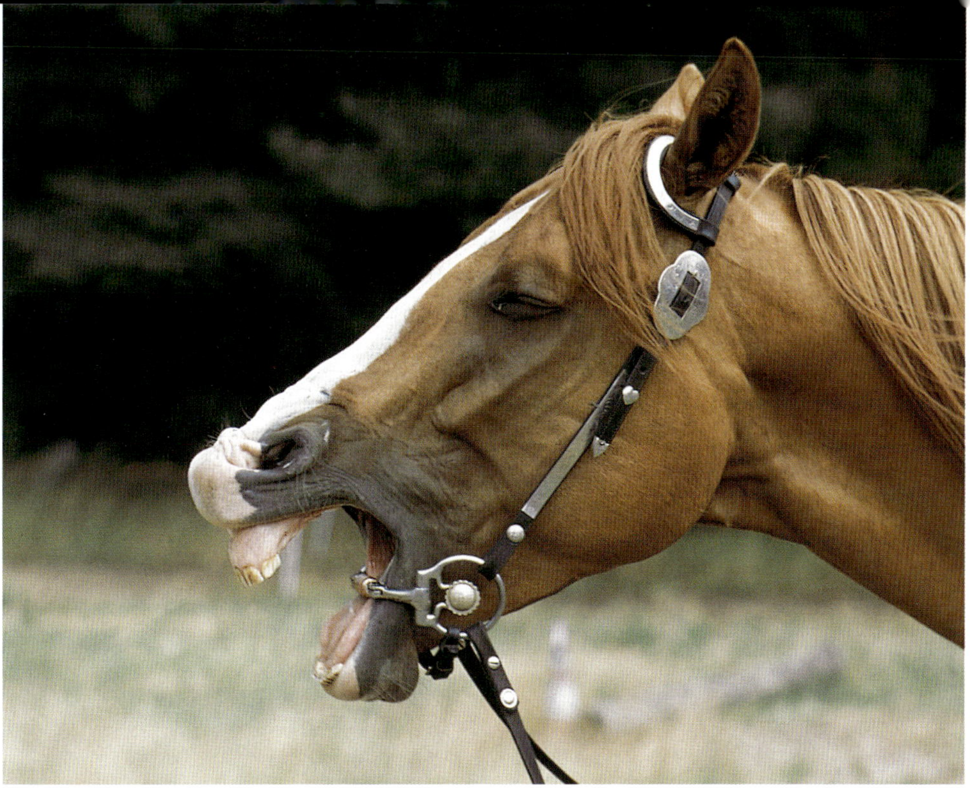

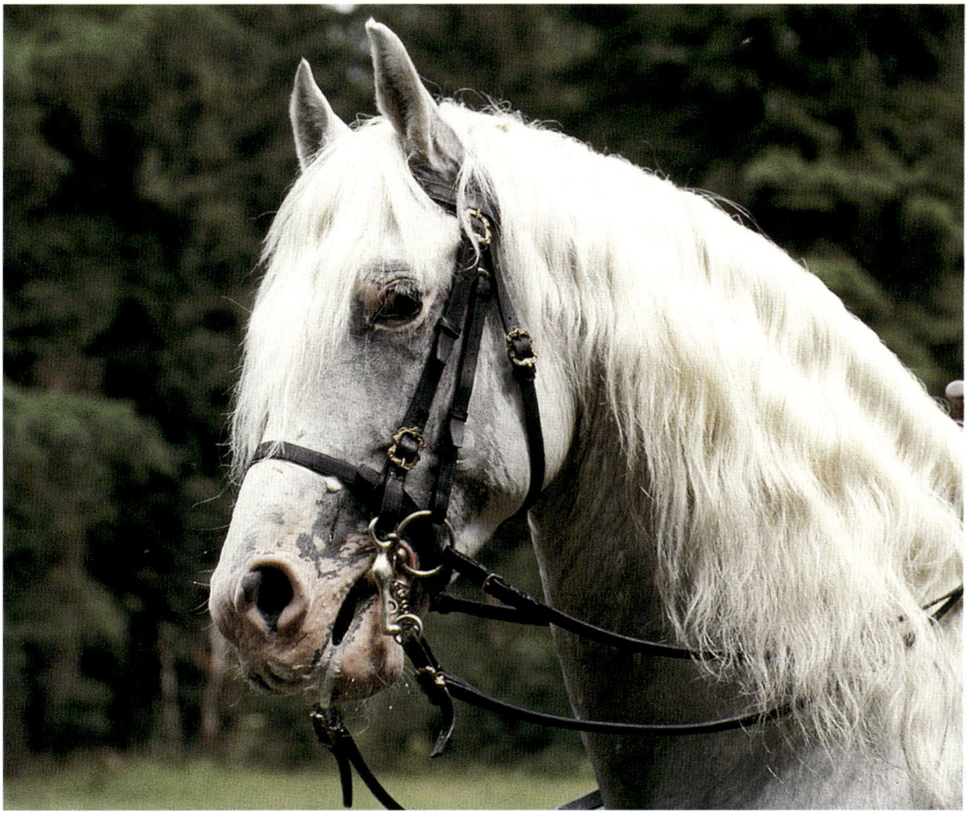

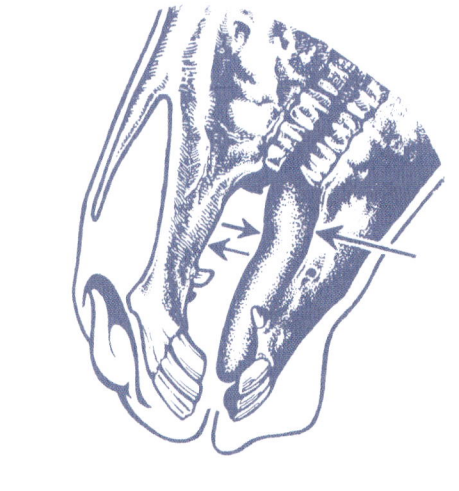

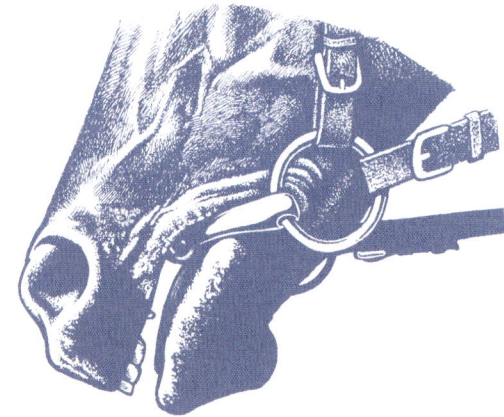

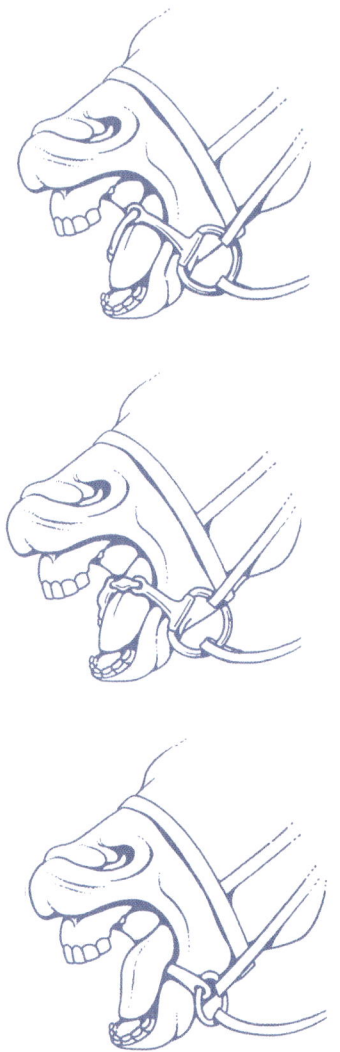

Schmerzpunkte im Pferdemaul.

Oben: Druckpunkte des Trensenmundstücks auf Zunge und Gaumen (kurze Pfeile) und Laden (langer Pfeil) bei Zügelstraffung.

Unten: Einfach gebrochene Trensen, zumal wenn sie seitlich zu weit herausragen (über 1 cm), richten sich bei Zügelanzug zum Dreieck auf und stoßen mit dem Mittelgelenk gegen den Gaumen. Bei eng geschnalltem Sperrhalfter kann sich das Pferdemaul nicht öffnen und nachgeben, der Druck verschärft sich, Gaumen, Zungenränder und Laden werden bei grober Zügelführung schmerzhaft in Mitleidenschaft gezogen.

Die Pferdezunge: ein sensibles Zentrum der Zügelführung.

Oben: Einfach gebrochene Trense, die sich bei Zügelstraffung zum Dreieck aufrichtet.

Mitte: Doppelt gebrochene Trense (KK-Conrad-Gebiss), die Mittelgelenke gleichen sich der Zungenform an und verschonen den Gaumen.

Unten: Bei schmerzhaftem Druck ziehen manche Pferde die Zunge über das Mundstück, um sie zu entlasten.

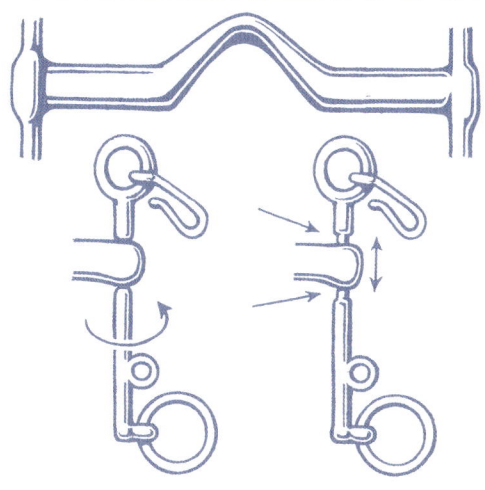

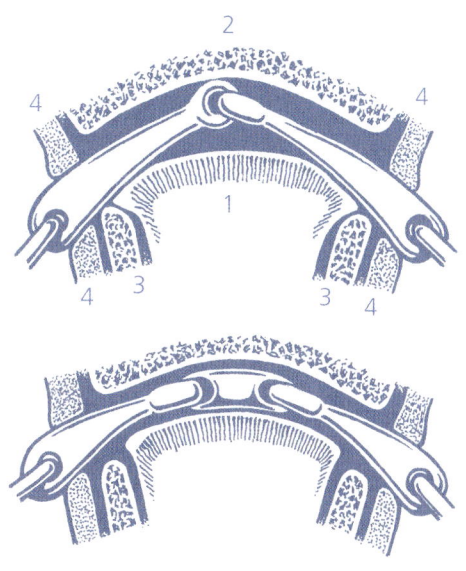

Zungenfreiheit.

Die hohe Zungenfreiheit der Kandarenmundstange stößt bei Zügelstraffung gegen den Gaumen und quetscht die Zungenränder, weil der Zungenfreiraum zu schmal ist. Drehbare oder vertikal verschiebbare Kandarenhebel (Pumpgebiss) können die Bohrlöcher der Mundstange ausleiern und scharfe Grate bilden, die die Maulwinkel verletzen.

Passform der Trense.

Links: Zu breites Mundstück, die Klemmwirkung auf den Unterkiefer steigert sich bei Zügelstraffung. *Mitte:* Zu schmales Mundstück, die Lefzen scheuern sich. *Rechts:* Passendes Mundstück, das an jeder Seite knapp einen Zentimeter herausragt.

Querschnitt durch den Pferdekopf in Höhe des zahnfreien Raums.

Trensenlage im Pferdemaul, das einfach gebrochene Mundstück richtet sich bei Zügelanzug zum Dreieck auf, stößt gegen den Gaumen und klemmt den Unterkiefer ein. ① Zunge, ② Gaumen, ③ Laden (Unterkieferäste), ④ Lippen. Das doppelt gebrochene Mundstück (KK-Conrad-Gebiss) schmiegt sich bei Zügelstraffung und Drehung der Rundung der Zunge an und verschont den Gaumen, der Klemmeffekt auf den Unterkiefer ist geringer.

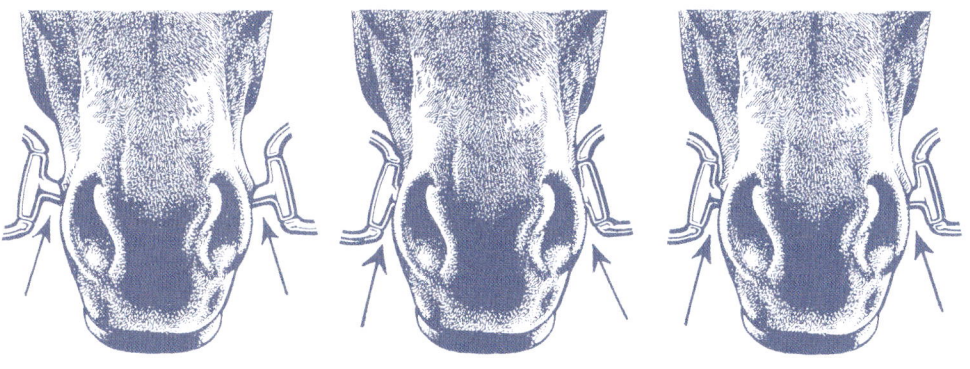

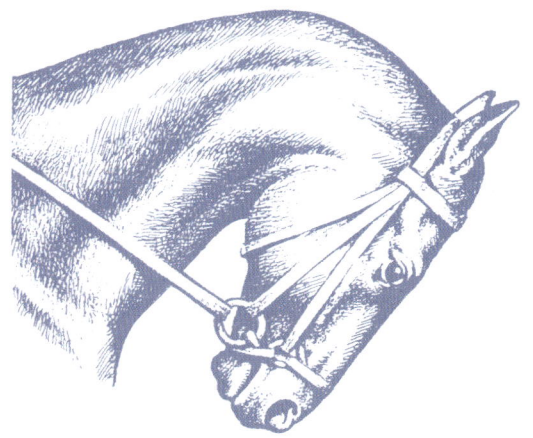

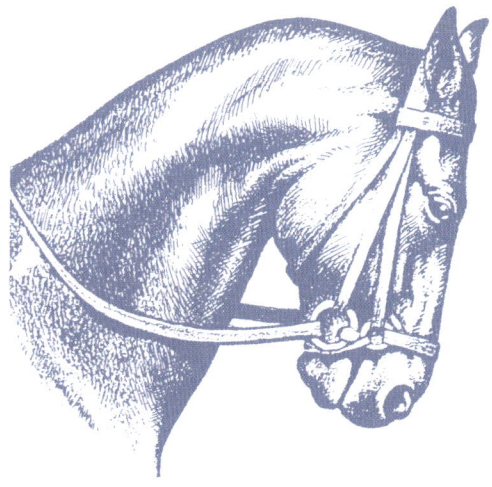

Verzweifelte Kopfhaltung bei harter und grobe Zügelführung.

Oben: Das abgestumpfte Pferdemaul hängt sich schwer in die Zügel und sucht das »fünfte Bein« als Stütze.

Unten: Das Pferd kriecht hinter den Zügel, um Druckschmerz auf Zunge und Laden zu entgehen.

Beide Kopf-Hals-Haltungen zeigen den »falschen Knick« im 3. bis 4. Halswirbel. Der höchste Punkt des aufgewölbten Halses muss im Genick, also unmittelbar hinter den Ohren liegen.

Die Breite des Mundstücks muss genau auf die Maulwinkel abgestimmt sein, um eine störungsfreie Zügelführung zu gewährleisten. Die äußeren Enden liegen den Maulwinkeln an, so dass diese höchstens zwei Falten bilden. Zwischen Maulwinkel und Trensenring bleibt auf jeder Seite ein Spielraum von knapp einem Zentimeter frei, damit die Lippen nicht eingeengt und wundgescheuert werden. Bei zu breitem Mundstück mit größeren Spielräumen besteht die Gefahr, dass der Unterkiefer bei Zügelanzug übermäßig eingeklemmt wird.

Je weniger ein Mundstück im Pferdemaul als störender Fremdkörper empfunden wird, desto gelöster, entspannter und williger folgt das Pferd den Zügelhilfen des Reiters. Unterschiedlich konstruierte Gebissformen üben in unterschiedlicher Weise Druck auf Zunge, Laden, Gaumen und Maulwinkel aus. Reithalfter unterschiedlicher Wirkung ergänzen das Mundstück und erschließen weitere Druckpunkte an verschiedenen Stellen des Pferdekopfes im Zusammenhang mit den Zügelhilfen (Genick, Nasenbein, Kinngrube, Unterkiefer). Einfache Zäumungen (ohne mechanische Hilfsmittel, wie beispielsweise Martingal oder Schlaufzügel) erfüllen fast immer ihren Zweck, weil sie eine direkte und unverfälschte Verbindung zwischen Reiterhand und Pferdemaul herstellen und die Signale unmittelbar und eindeutig übertragen.

Scharfkantige Laden sind empfindlicher als gerundete; bei grober Zügelführung kann die Schleimhaut abgerieben werden und die Knochenhaut entzündet sich. Bei Wucherungen neuer Knochensubstanz können Aufreibungen entstehen. Die Empfindlichkeit der Laden stumpft ab, das Pferd wird »hartmäulig« oder leidet unter Ladendruck, eine

Zügelführung mit Mundstück wird nahezu unmöglich. In der Wachstumsphase des Pferdes ist auf den Durchbruch der Hakenzähne (mitunter auch bei Stuten) zu achten, da sich die umliegende Schleimhaut häufig vorübergehend entzündet und natürliche Schmerzen verursacht. Hier leistet ein zusätzlicher, gebissloser Kappzaum, der die Zügelhilfen übernimmt, zeitweilig entlastende Dienste. Als Mundstück, das nur zur Gewöhnung im Maul liegt und kaum für Zügelhilfen genutzt wird, ist ein dickes, weich wirkendes und leichtes, hohl gegossenes Gebiss oder eine Weichgummitrense angezeigt.

Nachfolgend finden vornehmlich Grundmodelle gebräuchlicher Zaumkonstruktionen Erwähnung, die sich in der Praxis über mehr oder minder lange Zeiträume bewährt haben, dem Pferdemaul so wenig wie möglich Zwang und Schmerz zufügen und von der Reiterhand relativ einfach zu bedienen sind. Um den Tatbestand der Tierquälerei zu verdeutlichen, sind jedoch auch einige Gebisskonstruktionen aufgeführt, deren Form gezielt tierquälerische Absicht verfolgt. Der Fachhandel bietet vielfältige Varianten maulfreundlicher und auch schmerzhafter Gebissformen an. Schon geringe Konstruktionsänderungen können ein mildes in ein scharfes Gebiss verwandeln, das sich der anatomischen Form des Pferdemaules nicht optimal anpasst und Unbehagen auslöst.

Falsche Sparsamkeit beim Erwerb von Billigprodukten kann sich rächen. Es ist dringend anzuraten, zum Wohlbefinden des Pferdes und zur Sicherheit des Reiters stets nur erstklassige Markenfabrikate aus bestmöglichem Material und in maulfreundlicher Form und Konstruktion zu verwenden. Der höhere Kaufpreis zahlt sich aus durch sorgfältige Verarbeitung, weitgehend bruchsicheres Material und eine gewisse Verschleißfestigkeit, die das Pferdemaul vor Verletzungen bewahren und keinen Anlass zu Unfallursachen geben.

Olivenkopftrense, Renntrense (D-Trense) und Schenkeltrense (Knebeltrense) sind der Wassertrense mit einfachen Ringlöchern vorzuziehen, sie schonen die Maulwinkel und begrenzen oder verhindern seitliches Einziehen

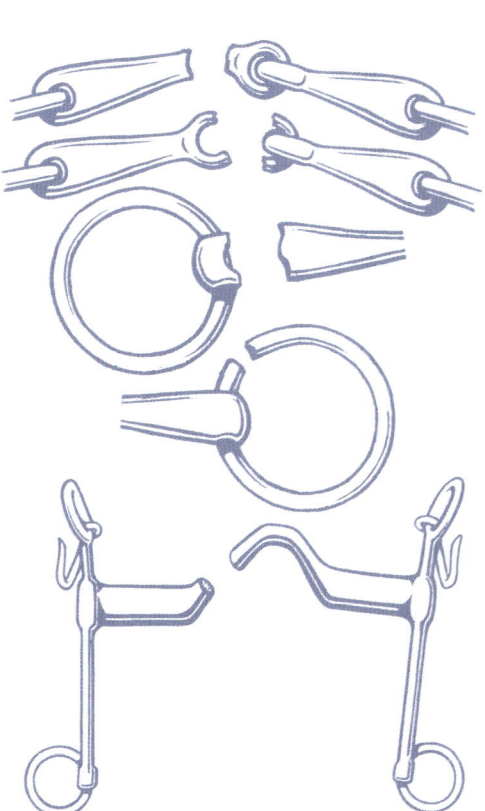

Mundstücke. Mögliche Bruchstellen minderwertiger Billig-Mundstücke.

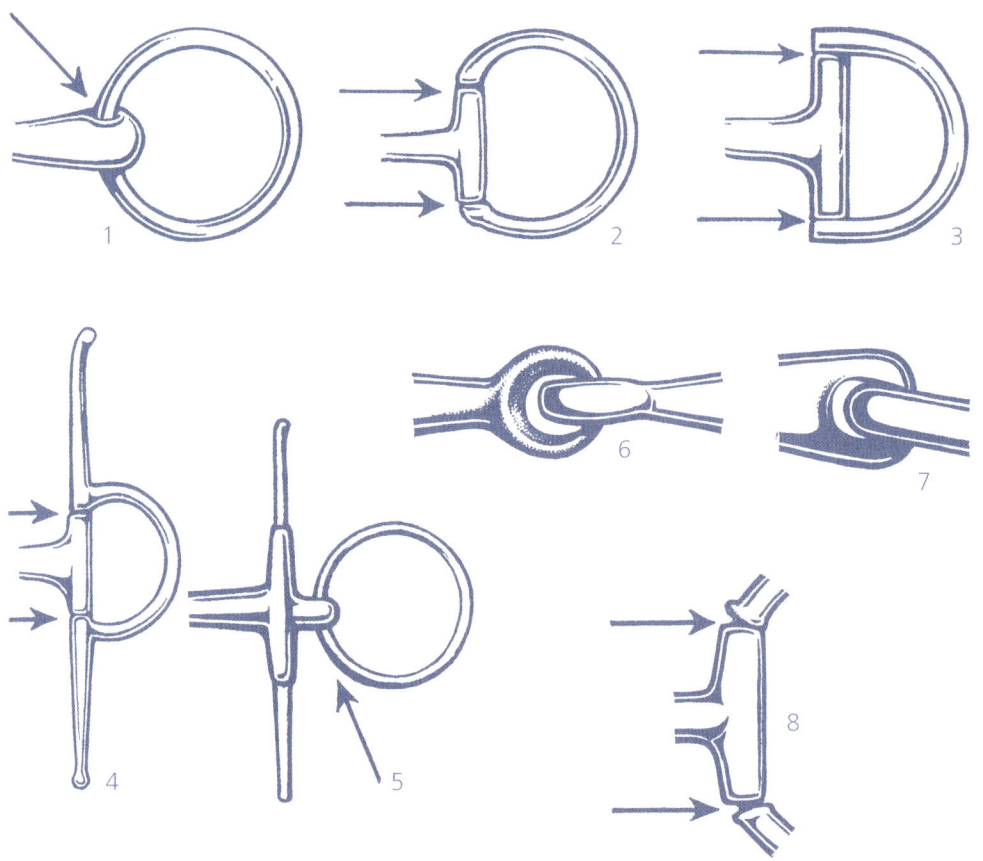

Ausleierungen an Trensengelenken.
① Wassertrense, ② Olivenkopftrense, ③ Renntrense (D-Trense), ④ Schenkeltrense mit Olivenköpfen und festen Halbringen, ⑤ Schenkeltrense mit beweglichen Außenringen. Die Pfeile weisen auf drehbare Verbindungen hin, die ausleiern und scharfe, verletzende Grate bilden können. Je länger die seitlichen Begrenzungen eines Mundstücks (z. B. Olivenköpfe), desto weniger werden die Maulwinkel in Mitleidenschaft gezogen. Optimalen Schutz gegen Verletzungen bietet nur die Schenkeltrense mit Außenringen, weil die Maulwinkel mit den Ringlöchern nicht in Berührung kommen können. ⑥ Ausgeleiertes Trensenmittelgelenk, die Ringe werden zur Mitte hin dünner, bis sie durchscheuern und brechen. ⑦ Ausgeleiertes Ringloch der Trense, scharfe Gratbildung kann die Maulwinkel verletzen. ⑧ Häufigste Ausleierung an den Ringlöchern, die Lefzen werden eingeklemmt.

des Mundstücks in das Pferdemaul bei ungeschickter oder grober Zügelhand. Da diese Trensenvarianten die Maulwinkel schützen, eine sanfte Lenkhilfe bewirken und kleine Handfehler in der Zügelführung abmildern, sind sie besonders für Reitanfänger und für die Ausbildung junger Pferde geeignet.

Anonyme Billigprodukte lassen Qualitätsmerkmale fast immer vermissen. Kanten und Ecken, Nähte und Schrunden durch mangelhafte Verarbeitung, die das Pferdemaul wundscheuern, Verschleißanfälligkeit, die bewegliche Teile ausleiert und scharfe Grate bildet sowie Bruchgefahr, die den Reiter in lebensgefährliche Situationen bringen kann, sind Erfahrungswerte, die eine Entscheidung zugunsten der Qualität erleichtern.

Ausgefallene Spezialgebisse, die nur in der Hand des erfahrenen, seriösen Ausbilders und Könners zu rechtfertigen sind, wurden nicht aufgeführt, weil sie Reitanfänger und auch viele fortgeschrittene Reiter überfordern und in deren Zügelhand mehr Schaden als Nutzen stiften. Doch auch der Könner bedarf der Spezialgebisse zumeist nicht, weil er aufgrund seiner reiterlichen Fähigkeiten fast immer auf Hilfsmittel verzichten kann.

Zahlreiche Gebissformen sind überflüssig oder in der Anwendung sogar schädlich. Nur wenige Grundmodelle erfüllen die Forderung weitgehend schmerzfreier Einwirkung, vorausgesetzt, die Zügel werden von einfühlsamer und souveräner Zügelhand bedient. Mancher Reiter, der an die Grenzen seines Könnens stößt, ist versucht, eigene Fehler dem Pferd anzulasten und seinen Mangel an reiterlichen Fähigkeiten durch Zwangsmittel zu ersetzen. Letztendlich aber bleibt das Können des Reiters Ursache für gelungene oder auch misslungene Zügelführung, die weder das maulfreundlichste Gebiss noch ein quälendes »Spezialgebiss« ausgleichen kann. Dem fähigen Reiter genügt zumeist die einfache Grundzäumung, weil er seinen von der Zügelführung unabhängigen Sitz sowie Gewichts- und Schenkelhilfen gezielt einzusetzen weiß.

Faustregeln für die Auswirkung der Zäumung im Pferdemaul

Zunge und Gaumen, Unterkieferäste (Laden) und Maulwinkel sind hochempfindliche Partien des Pferdemaules, die durch Druck oder Reibung verschiedener Zäumungsmundstücke und harte Zügelführung wesentlich in Mitleidenschaft gezogen und verletzt werden können.

- *Zungenmitte: Druck durch das Mittelgelenk einfach und doppelt gebrochener Trensen im Drehmoment des Zügelanzuges.*

- *Zungenränder: Quetschung durch die Seitenglieder der zum Dreieck aufgerichteten, einfach gebrochenen Trense bei Zügelstraffung, und stärker noch durch schmale Zungenfreiheiten der Kandare.*

- *Gaumen: Druck durch das Mittelgelenk einfach gebrochener Trensen im Drehmoment, bei Aufrichtung einfach gebrochener Trensen zum Dreieck bei Zügelstraffung, schmerzhafter Druckpunkt durch hohe Zungenfreiheiten oder Spaten (Löffel) einer Kandare.*

- *Laden: Reibung und Druck durch Trensen- und Kandarenmundstücke bei Zügelanzug.*

- *Maulwinkel: Einklemmung durch ausgeleierte Trensen- und Kandarenmundstücke, deren Aufhängungen beweglich sind, also vor allem Wassertrense und Kandarenstangen mit drehbaren oder vertikal verschiebbaren Hebeln (Pumpgebiss)*

Fragende Reiterhand – antwortende Pferdezunge

Das Spiel der Zügelhand mit dem Pferdemaul gleicht einem Zwiegespräch unter Freunden.

Das Prinzip reiterlicher Zügelführung wird häufig missverstanden und entsprechend fehlerhaft in die Tat umgesetzt. Das Pferd empfindet Maulschmerz mit der Folge, dass es sich in seiner Verzweiflung der Hilfengebung entzieht oder aktiv widersetzt. Der angestrebte harmonische Einklang von Pferd und Reiter bleibt aus, Ursache und Schuld für Fehler, Unfähigkeit und Versagen werden dem »widerborstigen Gaul« angelastet. Das Unvermögen des Reiters hingegen, die häufigste Ursache für reiterliches Misslingen, wird seltener zur Diskussion gestellt. Aber auch gewollte Härte, die das Pferd aus kommerziellen Gründen unterwirft und zum ängstlich funktionierenden Automaten abstumpft, soll nicht unerwähnt bleiben.

Das Pferd ist von Natur aus ein flüchtiges Lauftier. Vorwärtsdrang bestimmt sein Lebensgefühl. Die Gangmechanik entwickelt sich aus der Hinterhand, deshalb ist es natürlich, auch die Versammlung aus dem Vorwärtsschub der Hinterhand von hinten nach vorn zu entwickeln. Die nachfolgende

Spanischer Schritt. Vorbildlich nachgebende Zügelführung, kein Nachschleppen der Hintergliedmaße, keine falschen »anhebenden« Zügelhilfen.

Eingrenzung des Vorwärtsdranges durch Zügelhilfen empfindet das Pferd zunächst als widersinnige Behinderung, bis es begreift, die Gangfolge zu dosieren und unter der Reiterlast das gemeinsame Gleichgewicht auszubalancieren. Es lernt, den Vorwärtsschub in Tragkraft umzusetzen, die Trittfolgen zu verkürzen und erhabener zu gestalten.

Im grundlegenden ersten Abschnitt der Ausbildung reguliert der Wechsel vortreibender und verhaltender Hilfen den Vorwärtsschub, das Tempo und die Gangfolgen des Pferdes. Annehmende Zügelhilfen dürfen dabei nicht gegen das Abstoßen der Hintergliedmaßen wirken. Die Parade setzt ein, bevor der Hinterhuf auffußt, und der Zügel gibt nach, wenn der Hinterhuf abdrückt, um den Schwung ungehindert herauszulassen.

Im fortgeschrittenen Ausbildungsstadium hingegen stärken formgebende Hilfen die Tragkraft der Hinterhand, sie unterstützen die Aufrichtung und runden die Körperhaltung zu einer kompakten, elastischen Stahlfeder, die den Reiter auf gewölbten Rückenmuskeln mitschwingen lässt.

Prinzip vortreibender und formgebender Hilfengebung.

Links: In der Passage zielt der Hinterhandschub überwiegend nach vorwärts (Pfeil).

Rechts: In der Piaffe entwickelt sich der Schub der Hinterhand aus der Hankenbeuge aufwärts zur Verstärkung der Tragkraft (Pfeil) und formt das Pferd zu einem runden Spannungsbogen.

Vortreibende und formgebende Hilfengebung im Ausbildungsstadium.
Linke Seite unten: Vortreibende Hilfen in der Trabverstärkung,
Schubrichtung überwiegend vorwärts.
Unten: *Formgebende Hilfen in der Piaffe, die Schubkraft wird durch*
Zügelanlehnung nach aufwärts geführt und in Tragkraft verwandelt.
Die Profillinie des Pferdekopfes bleibt vor der Senkrechten, der Pferde-
hals ist nicht eingeengt. Vorbildliche Zügelführung. Mit fortschreitender
Gymnastizierung der Hankenbeuge fußen die Hinterhufe weiter nach
vorn unter den Rumpf, die Kruppe senkt sich, die Hinterhand nimmt
vermehrt Gewicht auf, die Kopf-Hals-Partie richtet sich stärker auf.

Balance des Pferdes

In natürlicher Gangfolge, ohne reiterlichen Einfluss, geht das Pferd – wie der Mensch auch – mehr oder weniger ausbalanciert und eher selten auf gerader Linie. Oftmals tritt es mit einem Hinterhuf seitlich aus der Spur heraus, um seitliche Schwankungen auszugleichen, oder es wechselt Schrittlänge und Tempo, um Schwankungen nach vorn oder hinten aufzufangen. Je schneller Tempo und Gangart, desto geringer die Schwankungen, weil der Vorwärtsschwung – wie beim Radfahrer – die Balance stabilisiert.

Sobald der Reiter den Pferderücken besetzt, muss sich das Pferd neu ausbalancieren, weil ihm die zusätzliche, schwankende Last Gleichgewichtsnöte bereitet, besonders dann, wenn der Reiter ungeübt ist. Wer sich ein unruhiges Kind auf die Schultern setzt und vorwärts geht, bekommt ein Gefühl für Balance, weil er nicht nur vermehrt die eigene Unsicherheit des Ganges, sondern auch Schwankungen des Kindes vor- und rückwärts sowie zur Seite ausgleichen muss, indem er jeweils versucht, unter den gemeinsamen Schwerpunkt zu treten. Die Schritte werden kürzer und vorsichtiger.

Trotz seiner vier Gliedmaßen hat auch das Pferd unter dem Reiter seine Nöte, sich mit der zusätzlichen Last auf seinem Rücken schwerpunktrichtig in Einklang zu bringen, zumal dann, wenn es durch Schwankungen gestört wird. Der Reiter muss ihm deshalb in reinem Wortsinn »Hilfen geben«, damit die Balance stabilisiert wird. Er sitzt lotrecht im Schwerpunkt, ohne sich nach vorn oder hinten zu neigen. Seitlichen Schwankungen begegnet er, indem er das Pferd zu fleißiger Gangfolge antreibt und damit auf gerade Spur bringt. Es soll weder hinten breiter treten als vorn noch seitlich aus der Spur fallen. Der vor- oder rückwärts geneigte Oberkörper des Reiters sowie ein vornüber hängender Kopf stören das Gleichgewicht und setzen die Hilfengebung außer Kraft.

Die Balance des Reiters ist auch von anatomischen Merkmalen seiner Gestalt abhängig. In der Gleichgewichtssuche absorbiert das Pferd Schwankungen eines kurzen Oberkörpers (Sitzzwerg) leichter als die Schwankungen eines langen, hoch aufragenden Oberkörpers (Sitzriese).

Mit der Kraftzunahme der Hinterhandmuskulatur baut sich die Versammlung von hinten nach vorn auf, bis die Selbsthaltung erreicht ist. Die »relative« Aufrichtung der Kopf-Hals-Partie muss dem jeweiligen Ausbildungsstand entsprechen, der Pferdehals darf sich nicht verkürzen und einengen, die untere Halslinie nicht vorwölben. Die Stirnlinie des Pferdes bleibt vor der Senkrechten. Die erzwungene »aktive« Aufrichtung hingegen engt den Hals ein, die untere Halslinie springt vor, die Nacken-/Rückenmuskulatur verfestigt sich, der Reiter wird im Trab geworfen. Der Spannungsbogen im Pferd ist unterbrochen. »Relativ« bezeichnet die Aufrichtung, die das Pferd ohne Zügelzwang anbietet, »aktiv« kennzeichnet die zwingend eingreifende Zügelhand, die nicht passiv bleibt, sondern aktiv wird.

Die Körperhaltung des frei laufenden Hengstes im schwebenden Imponiertrab lehrt den Reiter beispielsweise, wie das Pferd über entspannte Kopf-Hals-Haltung die Balance auslotet. Unter dem Reiter muss die Kopf-Hals-Partie genau so entspannt bleiben und darf nicht durch stärkere Beizäumung eingeengt werden.

Am Anfang der Ausbildung muss das junge Pferd sein Gleichgewicht unter der ungewohnten Reiterlast neu ausbalancieren, unterstützt durch behutsame, passive Führung am langen Zügel, die möglichst nicht eingreift und die Balance stört.

Relative und aktive Aufrichtung.
Oben: Natürliche, ungezwungene, relative Aufrichtung, die das Pferd anbietet und die dem jeweiligen Ausbildungsstand angemessen ist. Die Hinterhand nimmt vermehrt Gewicht auf, aus dem jeweiligen Grad des Untersetzens der Hintergliedmaßen ergibt sich die Höhe der Aufrichtung.

Rechts: Erzwungene, aktive Aufrichtung, der Oberhals zeigt den falschen Knick, der Unterhals wölbt sich vor, die Hintergliedmaßen setzen nicht weit genug nach vorn unter den Rumpf und nehmen nicht vermehrt Gewicht auf. Die Zügelanlehnung wirkt rückwärts.

Nickbewegung

Im freien, unbeeinflussten Schritt senkt das Pferd beim Vorschwingen einer Vordergliedmaße den Kopf, hebt ihn beim Auffußen wieder an und senkt ihn abermals, wenn die andere Vordergliedmaße vorschwingt, und so fort. Die Nickbewegung ist ein pendelnder Balance-Ausgleich im Wechsel vorschwingender Gliedmaßen, etwa so, wie der Mensch beim Gehen die Arme schwenkt. Zu Anfang der Ausbildung des jungen Pferdes dürfen Kopfnicken und freier Schritt durch die Zügelhand nicht behindert werden. Die nachgebende Reiterhand betont zunächst Kopfnicken und Raumgriff des Schrittes, damit das Pferd die zusätzliche Reiterlast in die Gleichgewichtsfindung einbeziehen kann. Einzwängende Zügelführung hemmt den Vortritt, schränkt die Schulterfreiheit ein und fordert Widerstand heraus. Der Reiter betont die Nickbewegung gleichzeitig im Einklang mit dem Vorschwingen der gleichseitigen Hintergliedmaße durch nachgebenden Zügel und Vorschieben von Schulter und Hüfte. Mit dem Kräftewachstum der Muskulatur im fortgeschrittenen Ausbildungsstadium, wenn eine ausbalancierte Tragfähigkeit des Pferdes, die Durchlässigkeit im Genick und eine entspannte, ruhige Kopf-Hals-Haltung erreicht sind, darf die Nickbewegung durch sanfte Zügelhilfen allmählich eingegrenzt und später stärker eingeschränkt werden, bis sie schließlich in selbsttragender Versammlung bei geringer Zügelanlehnung völlig verschwindet, weil das Pferd durch Gymnastizierung gelernt hat, Balance und Gleichgewicht mit Muskelkraft zu halten.

Die Körperhaltung des gerittenen Pferdes unterscheidet sich nicht von der des frei laufenden Hengstes, die Zügelanlehnung gleicht sich behutsam der natürlichen Kopf-Hals-Haltung an, ohne Zwang auszuüben (Trabverstärkung). Beispiel für relative Aufrichtung.

*Im freien Schlenderschritt am langen Zügel zeigt das Pferd die
unbeeinflusste Nickbewegung, ein pendelnder Balance-Ausgleich,
der dem Armschwenken des Menschen beim Gehen entspricht.*

Während der anfänglichen Lernphase des Pferdes übernimmt die zunächst aktive Zügelhand die primitive Funktion des Bremsens: Sie zieht am Zügel, um das Pferd anzuhalten, der Pferdekopf biegt sich zurück und das Pferd bleibt stehen. Zur Belohnung gibt der Zügel sofort nach. Treibende Körperhilfen setzen vorerst nicht ein, der Reiter fügt sich passiv ohne Einwirkung in die Gangbewegung. Mit fortschreitender Ausbildung setzen allmählich treibende Hilfen ein, die mit den Zügelhilfen in Einklang gebracht werden und nunmehr immer schwächer werden. Das Pferd soll das Mundstück auf Zunge und Laden tragen und die Anlehnung suchen. Die Zügelhände werden passiv, bewahren feine Anlehnung und stören nicht.

Nach vollendeter Ausbildung zeigt die Kopf-Hals-Partie die relative Aufrichtung mit entspannter Halsdehnung ohne Zügelzwang. Der Pferdekopf wird ruhig ohne Nickbewegung getragen, weil das Pferd gelernt hat, sich mit Muskelkraft selbst auszubalancieren. Der Kraftschub aus der Hinterhand wird von sanfter, kaum merklicher Zügelanlehnung eingefangen und gesteuert, Zügelhilfen reduzieren sich auf erinnernde Andeutungen. Der Reiter sitzt zwanglos aufgerichtet gegen die sparsam aushaltende Zügelanlehnung, die Zügelhände verhalten sich absolut ruhig und passiv. Ohne Kreuzanspannung und Kraftanwendung vermittelt er mit leichter Drehung des Oberkörpers die Wendungen, wenn nötig mit gleitenden Zügelhänden (außen nachgeben, innen annehmen), das Pferd kaut zufrieden mit geschlossener Maulspalte. Niemals darf der Reiter am inneren Zügel ziehen und mit dem äußeren dagegen halten, weil Vorwärtsschub gebremst und Lenkeffekt aufgehoben werden.

Beginn der Versammlung.
Unversammeltes Pferd, die Kopf-Hals-Partie wird in natürlicher Haltung getragen, lockere Zügelanlehnung, die gestreckten Hintergliedmaßen nehmen nicht vermehrt Gewicht auf, aufgrund fehlender Hankenbeuge keine Senkung der Kruppe, flüssiger weiträumiger Arbeitstrab. Das Pferd ist insgesamt locker und entspannt, der Reiter wirkt nicht ein, er fügt sich lediglich geschmeidig in die Bewegung, ohne zu stören. Relative Aufrichtung.

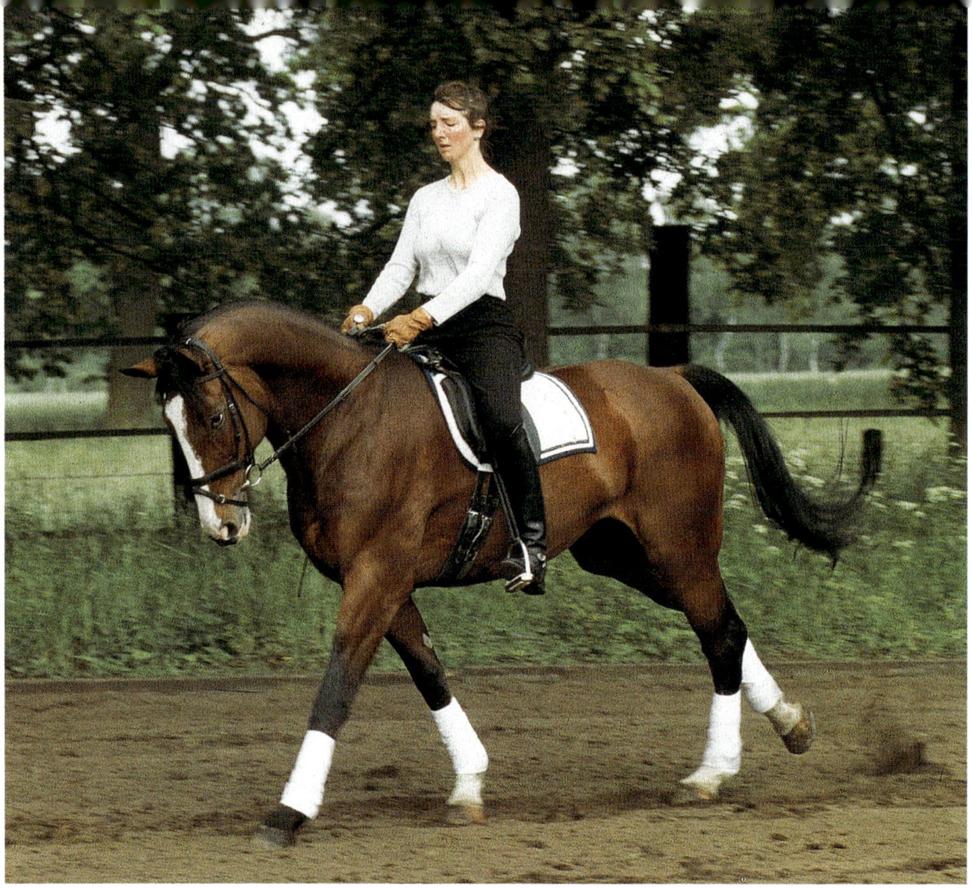

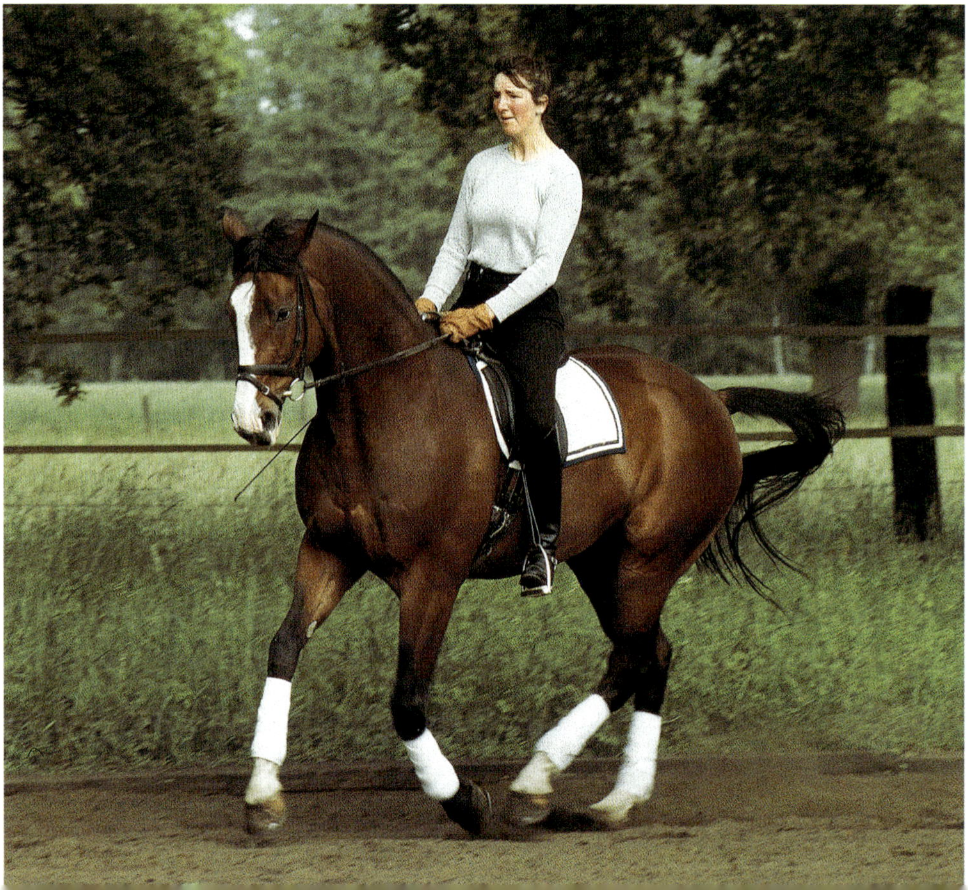

In Ausnahmefällen, etwa im Galopp, wenn das Pferd mit dem Kopf abwärts stößt, um dem Reiter die Zügel vorsätzlich aus den Händen zu ziehen, sind energische Zügelrucker als Notmaßnahme angebracht, damit das Pferd nicht unkontrolliert die Führung übernimmt. Um wirksam durchzukommen, muss der Zügeldruck jeweils genau gegen die Anspringphase prellen und sofort wieder nachgeben, damit sich das Pferd nicht festbeißt und jeder Galoppsprung im Keim gebremst wird.

Parade im Galopp, um das vorwärts stürmende Pferd unter Kontrolle zu bringen. Die Parade prellt notfalls gegen das Abstoßen der Hintergliedmaßen und den vortreibenden Sitz, um bremsende Wirkung zu erzielen. Die Hinterhand schiebt sich nach vorn unter den Rumpf, die Vorhand richtet sich auf, das Pferd reagiert durchlässig. Die Laufrichtung, die zuvor »in den Boden zielte«, richtet sich nunmehr aufwärts. Überwiegenden Anteil an der Hilfengebung hat der treibende Sitz, der die Hinterhand heranholt.

Reiterliche Führung

Das junge Pferd wird zu Anfang der Ausbildung sogleich an Zügelhilfen und damit an die Führung durch den Reiter gewöhnt, und zwar zunächst mit Kappzaum und Trense und vier Zügeln, um das Maul zu schonen und sensibel zu erhalten. Paraden über das Mundstück, mithin Zügelhilfen, die mehr oder minder Druck auf den Unterkiefer ausüben, bestehen aus einer Vielfalt stufenlos übergleitender, fein differenzierter, ein- und beidseitiger Zupfer, die von sanfter Ermahnung zur Aufmerksamkeit über die Einleitung in die Wendung bis zum Halten reichen und sofort wieder nachgeben, um keinen Gegendruck des Pferdemauls zu erzeugen. Im Schritt empfindet das junge Pferd annehmende Zügelhilfen zunächst besonders deutlich als bremsend, deshalb soll es die Kopf-Hals-Partie uneingeschränkt in natürlicher, entspannter Haltung tragen und erfährt nur ganz leichte, wechselnde Zügelanlehnung, die nicht den Eindruck des Zurückhaltens, sondern den des behutsamen Führens vermittelt und freien, ungehemmten Vortritt zulässt.

Die Führung des jungen Pferdes beginnt mit einfachen Richtungsänderungen von geraden auf gebogene Linien (Schlangenlinien), in der Folge geben Hufschlagfiguren unterschiedliche Wendungen, Volten und Seitengänge vor. Beim Einleiten zur Wendung geschehen in der Zügelführung des Reitanfängers die häufigsten Fehler, mit dem inneren Zügel wird der Pferdekopf in die Wendung gezogen, wobei vergessen wird, mit dem äußeren entsprechend nachzugeben. Der Pferdekopf gerät in Schieflage (Verwerfen im Genick), das Pferdemaul erfährt widersprüchlichen Druck, die Gangfolge wird gestört.

*Trabtraversale nach rechts. Seiten-
gänge gymnastizieren die Längsbiegung
des Pferdes nach beiden Seiten und
schalten die natürliche Schiefe aus.
Die Zügelanlehnung bleibt beidseitig
gleichmäßig bestehen.*

In die Wendung hinein wird stets der äußere Zügel nachgegeben, während der innere unverändert in Anlehnung bleibt oder nur wenig verkürzt wird. Generell darf der innere Zügel nur so viel angenommen werden, wie der äußere nachgibt, so dass in beiden Maulwinkeln gleichmäßige Anlehnung erhalten bleibt und das Pferd den Eindruck der Führung behält. Wendungen werden somit durch gegenläufiges Gleiten der Zügelhände begleitet: äußere Hand vor, innere im gleichen Augenblick zurück.

Mit fortschreitender Ausbildung sollen sich die Zügelhilfen reduzieren und vom Pferdemaul allmählich auf den energisch treibenden Sitz und die Schenkelführung verlagern, wobei die Zügelhilfen nicht entgegenwirken dürfen. Übermäßigen Vorwärtsdrang fängt der Reiter nicht durch Zügelzwang, sondern durch Längsbiegung in den Seitengängen ein, ohne in den Zügeln fest zu werden. Häufiges Nachreiten verschiedener Hufschlagfiguren übt den nahtlosen Übergang von treibenden zu verhaltenden Hilfen.

Die Längsbiegung muss stets durch den gesamten Pferdekörper verlaufen, um wirksam zu sein. Abknicken allein der Kopf-Hals-Partie durch Zügelziehen bildet noch keinen horizontalen Spannungsbogen. Annehmende Zügelhilfen zur Gangregulierung müssen jeweils im richtigen Moment der Gangbewegung einsetzen, damit das Pferd die Hilfe versteht, und zwar meist im Vorschwingen einer Hintergliedmaße, während beim Abdrücken der anderen die Zügelhilfe nachgibt und den Vorwärtsschub ungehindert herauslässt, es sei denn, das Tempo soll stark reduziert werden, dann erfolgt die Parade beim Abdrücken der Hintergliedmaße. Treibende Sitz- und Schenkelhilfen behalten dabei stets

Priorität. Wenn das Pferd der Parade gehorcht, muss der Zügeldruck sofort nachlassen. Gehorcht es nicht, werden die Paraden in kurzen Intervallen wiederholt, bis die gewünschte Gangregulierung erreicht ist.

Wirksame Zügelführung ist letztendlich nur möglich, wenn Durchlässigkeit erreicht ist, das heißt, wenn sich das Pferd durch die Länge seines Körpers mühelos nach beiden Seiten biegen kann und den vertikalen Spannungsbogen mit Untersetzen der Hintergliedmaßen beherrscht. Dann wirken Zügelhilfen vom Pferdemaul bis in die Hinterhufe und umgekehrt. In der Versammlung mit starker Hankenbeuge – in der Piaffe – spannt, senkt und verkürzt sich die Hinterhand; in gleichem Maße muss die Vorhand an Freiraum und entspannter Aufrichtung zunehmen. Wenn die Kopf-Hals-Partie eingeengt wird und die Zügelhilfen rückwärts wirken, verhält sich das Pferd in der Bewegung und weicht hinter die Senkrechte der Stirnlinie aus, die Parade kommt nicht durch. Durchlässigkeit ist schwierig zu erreichen, weil das Pferd der anstrengenden Hankenbeuge ausweichen möchte, es stößt gegen oder kriecht hinter die Zügel, annehmende Zügelhilfen bleiben ohne Wirkung. Die Schubkraft der Hinterhand muss sich nach vorn-aufwärts entwickeln und voll entfalten können und darf über die Zügel nicht abgebremst werden. Die Zügelhand muss die Aufrichtung frei herauslassen und behutsam einfangen, damit die Durchlässigkeit von hinten nach vorn erhalten bleibt.

Nachgebende Zügelführung.
In der Versammlung, beispielsweise der Piaffe, spannt, beugt und senkt sich die Hinterhand, in gleichem Maße muss die Zügelanlehnung nachgeben (Pfeil) und die Kopf-Hals-Partie des Pferdes an Freiraum, Entspannung und Aufrichtung gewinnen, damit sich das Pferd auf der verkleinerten Standfläche ausbalancieren kann. Je weniger der Reiter durch Eingriffe in der Zügelführung stört und je mehr er sich schwerpunktrichtig einfügt, desto leichter findet das Pferd das gemeinsame Gleichgewicht. Relative Aufrichtung.

Zügelanlehnung

Der zügelunabhängige »tiefe Sitz« im Pferd, schwerpunktrichtig im Tiefpunkt des Pferderückens und ausbalanciert im Gleichgewicht, lotrecht und ohne eingeknickte Taille mit aufrechter Kopfhaltung, ist erste Voraussetzung für das Gelingen einfühlsamer Zügelführung. Die korrespondierende Verbindung zwischen

Reiterhand und Pferdemaul muss ständig lebendig bleiben und darf nicht unterbrochen werden, damit der Reiter das Pferd beherrscht und nicht umgekehrt, es sei denn, es darf nach vollendeter Leistung zur Belohnung und Entspannung mit langem Hals an hingegebenen Zügeln gewollt dahinschlendern. Zügelhände und Handgelenke bleiben entspannt und beweglich, um die Vielfalt der Zügelhilfen jederzeit fein dosieren zu können und keinerlei Verkrampfung und Starrheit aufkommen zu lassen.

Grundlage der Zügelführung ist die Zügelanlehnung, also die ständige leichte Verbindung zwischen Reiterhand und Pferdemaul. Das Mundstück der Zäumung liegt auf Zunge und Laden, das Maul bleibt geschlossen, der Unterkiefer bewegt sich in leichter Kautätigkeit und sucht zusammen mit der elastischen Zunge Fühlung zum Mundstück, die Bewegung des Kaumuskels führt zu Speichel- und Schaumbildung, die Kaubewegung überträgt sich auf Nacken- und Halsmuskeln und entspannt die Halspartie, so dass ungezwungene Beizäumung möglich wird. Leicht annehmende und nachgebende Zügelhilfen im Wechsel halten Fühlung mit dem Zungenpolster und verlocken das Pferdemaul, selbsttätig Anlehnung zu suchen. Nachgebende Zügelführung verhindert, dass das Pferd eine Maulstütze in der Zäumung findet; es soll sich selbst tragen. Mit zunehmender Ausbildung reduziert sich die Zügelanlehnung auf ein Mindestmaß. Vollendete Selbsthaltung wird deutlich, wenn der Reiter alle Zügel hingibt und das Pferd in Piaffe oder Passage ohne Zügelführung in unveränderter Haltung weiter trabt, nur geführt von Sitz und Schenkel des Reiters. Zwanglose Zügelanlehnung ist nur möglich,

wenn das Pferd durchlässig »durch das Genick tritt« und Genick und Ganaschen entspannt und beweglich bleiben. Dehnungshaltung sollte zur Entspannung nach jeder Lektion gewährt werden.

Die stärkere Kraft vortreibender Hilfengebung muss stets in ausgewogenem Verhältnis zur schwächeren Zügelanlehnung stehen. Übertrieben starkes Treiben gegen fest aushaltende Zügelhände kann das Pferd überfordern und das Gleichgewicht zunichte machen, weil die »bremsende« Zügelhilfe zuerst einsetzt und Zwang ausübt. Die Zügelanlehnung darf sich nicht starr und unbeweglich verfestigen, damit das Pferd nicht mit Gegendruck antwortet oder hinter die Senkrechte ausweicht und sich der Zügelführung entzieht. Die Stärke der Zügelanlehnung ändert sich ständig, damit das Pferdemaul keine Stütze findet, sondern kauend antwortet. Hilfen und Lektionen wechseln während der Ausbildung überraschend, damit sich keine vorausahnende Routine einschleicht und das Pferd der Hilfengebung selbsttätig vorgreift. Mitunter kann die Kopfhaltung des Pferdes bei annehmender Zügelhilfe vorübergehend hinter die Senkrechte geraten. Die starke Beizäumung, die für das Pferd unangenehm ist, sollte stets begründet und gezielt zur Ermahnung oder Rüge eingesetzt werden. Treiben und gleichzeitig Gegenhalten sind gegeneinander wirkende Kräfte, die sich gegenseitig aufheben – eine widersinnige Einwirkung, die den Schwung vernichtet.

Sowohl das junge Pferd (unter erfahrenem Ausbilder) als auch der Reitanfänger (auf ausgebildetem Pferd) sollten nach der anfänglichen Kappzaum-Phase die Ausbildung mit einfachem Trensenzaum ohne Reithalfter fortführen, damit das Pferdemaul weder ein-

Zügelanlehnung ohne Reithalfter mit einfachem Trensenzaum.
Links: Leichte Zügelanlehnung in der Passage, das Pferdemaul bleibt trotz eifriger
Kautätigkeit geschlossen, Schaumbildung an der Maulspalte, das Pferd trägt den
Kopf frei und entspannt in natürlicher Aufrichtung, vorbildliche Zügelführung.
Rechts: Piaffe, die Zügelanlehnung gerät zu straff, der Hals ist eingeengt, gleichwohl
bleibt das Maul geschlossen, das durchgymnastizierte und durchlässige Pferd toleriert
die starke Zügelanlehnung. Beispiel für relative und aktive Aufrichtung.

geschnürt noch die Kautätigkeit behindert wird und der Reiter das Feingefühl der Zügelhand üben kann. Vornehmlich das Hannoversche Reithalfter begrenzt die Kaubewegung des Unterkiefers, verhindert das Aufsperren des Pferdemaules und kann harte Zügelführung vertuschen. Bei zu enger Schnallung des Nasen-Kinnriemens werden die Atmung behindert und die Kaubewegung eingeschnürt. Dieser Zwang verkrampft die Kaumuskeln, und die Folge sind häufig Maul- und Zungenprobleme sowie Verspannungen der Nacken-Rücken-Muskulatur.

Zäumung ohne Reithalfter gewährt dem Pferdemaul freie Kautätigkeit und verrät, ob der Reiter mit einfühlsamer Hand die Zügel führt, oder ob er Zügelzwang ausübt und das Pferd das Maul aufsperrt, um hartem Zügeldruck zu entgehen. Auf einem ausgebildeten Pferd lernt der junge Reiter, von Anbeginn Kaubewegung und Zungenspiel zu erfühlen. Im späteren Ausbildungsstadium hingegen und bei gekonnter Zügelführung kann das Reithalfter bei angemessen lockerer Schnallung von Nutzen sein, weil es dem Unterkiefer gegen den Zügeldruck eine Stütze bietet und ihn über den Nasen-Kinnriemen geringfügig auch auf den Nasenrücken verteilt. Wenn das Pferd ohne Reithalfter sichtbar kaut, das Maul also im Rhythmus der

Kautätigkeit ein wenig öffnet und schließt und spielerischen Kontakt zum Mundstück der Zäumung sucht, ohne eine Maulstütze anzustreben, ist dies als positives Zeichen der Lockerung und Entspannung der Kaumuskulatur zu werten. Lässt das Pferd hingegen eine konstante Maulsperre erkennen, weil die Zügel starren Zügelzwang ausüben, die Zunge an den Unterkiefer quetschen und damit die Kautätigkeit unterbinden, ist dies ein Fehler in der Zügelführung, der die Kaumuskulatur verkrampft und eine entspannte Kopf-Hals-Haltung behindert. Sporadisch sichtbare Kaubewegung bei ansonsten geschlossenem Pferdemaul, die das Einverständnis mit leichter Zügelanlehnung verdeutlicht, verrät die einfühlsame und nachgebende Zügelführung.

Das durchlässige Pferd. Ein durchgymnastiziertes, durchlässiges Pferd akzeptiert die stärkere Zügelanlehnung, ohne das Maul aufzusperren, auch wenn es ohne Reithalfter geritten wird. Der Reiter kann aufgrund uneingeschränkter Kautätigkeit feinfühlige Zügelführung erlernen.

Passage mit Trensenzäumung
und Hannoverschem Reithalfter.
In anspruchsvollen Lektionen kann der
maulbegrenzende Nasen-Kinn-Riemen
eine Stütze für den Unterkiefer sein.

Zügelanlehnung kann bei vorausgehender und überwiegender Gegenkraft vortreibender Hilfen sowie vermehrtem Untersetzen der Hinterhand eine Stütze für das Pferd beim Aufbau der Versammlung sein. Das Pferd wird von hinten nach vorn-aufwärts in die sekundär einsetzende Zügelanlehnung hineingeschoben, und der Vorwärtsschwung wird eingefangen, damit sich der Pferdekörper zu einer elastischen, den Reiter tragenden Stahlfeder rundet. Die Druckwirkung der Zügelanlehnung konzentriert sich dabei auf Laden und Zunge. Um den Druck auf die empfindlichen knöchernen und unelastischen Laden herabzumindern und sie auf Dauer vor Abstumpfung und Schmerz zu schützen, sollte die feinfühlige Zügelhand mit zunehmender Ausbildungsreife des Pferdes anstreben, Zügelhilfen allmählich als sanfte, leichte Zupfer auf die elastischen Maulwinkel und die Zunge zu übertragen. Auf diese Weise wird der schmerzlose Nervenreflex aktiviert und genutzt, der in der gesamten Hilfengebung ohnehin Vorrang haben soll-

Piaffe, das Pferd wird von hinten nach vorn-aufwärts durch vortreibende Hilfen in die sekundär einsetzende Zügelanlehnung hineingeschoben.

Höchste Versammlung in der Piaffe mit hingegebenen Zügeln. Obgleich ohne Zügelführung, zeigt das Pferd den abgerundeten, federnden Spannungsbogen vom Kopf bis in die Hinterhufe ohne »auseinander zu fallen«. Die frei getragene Kopf-Hals-Partie balanciert das Gleichgewicht auf der verkleinerten Standfläche der diagonalen Fußung aus, das Pferd »trägt sich selbst«. Ergebnis vorbildlicher Hilfengebung. In der Piaffe fehlt die Vorwärtsbewegung, die – wie beim Radfahrer, der im Stehen umkippt – das Gleichgewicht stabilisiert. Das Pferd muss deshalb das gemeinsame Gleichgewicht im Stand vorwiegend mit Muskelkraft ausgleichen. Pferde, die mit Raumgewinn piaffieren, suchen das Gleichgewicht in der Vorwärtsbewegung.

te, um dem Pferd Ladendruck zu ersparen. Mit Vollendung der Ausbildung wird die Zügelführung zusehends nachgebender, das Pferd trägt die Kopf-Hals-Partie mit entspanntem Hals vor der Senkrechten und balanciert das gemeinsame Gleichgewicht aus – »es trägt sich selbst«. Die Zügelanlehnung reduziert sich an Häufigkeit und Intensität, weil das Pferd gelernt hat, das zusätzliche Reitergewicht vermehrt mit der Hinterhand zu tragen. Vollendete Versammlung des Pferdes zu einem federnden Spannungsbogen, der durch den gesamten Pferdekörper vom Maul bis in die Hinterhufe verläuft, wird in der Piaffe besonders deutlich. Die Kruppe senkt sich und erweckt den Anschein, als richte sich die Vorhand auf, in Wirklichkeit wird allein die Kruppe niedriger. Die ohne Zügelzwang getragene Kopf-Hals-Partie ist entspannt aufgerichtet und hilft das Gleichgewicht auszubalancieren. Da auf verkleinerter Standfläche jeweils nur zwei Hufe auffußen, ist die diagonale Gliedmaßenstütze relativ unsicher. Der Reiter kann durch Zügelhilfen in die Gleichgewichtssuche eingreifen und sie unterstützen – oder stören. Wesentliche Hilfengebung in der Piaffe ist der gleichgewichtige Sitz des Reiters, Zügelhilfen sind auf ein Minimum reduziert.

Für den erfahrenen Reiter, der den zügelunabhängigen Sitz und sanfte, einfühlsame Zügelführung beherrscht, ist die Wahl der Zäumung von geringerer Bedeutung. Das Feingefühl seiner Zügelführung ist dem des Pferdemaules ebenbürtig; er vermag mit nahezu jeder Zäumung umzugehen, ohne dem Pferdemaul zu schaden. Sein Bestreben ist, das Mundstück vom elastischen Zungenpolster tragen zu lassen und die Laden möglichst wenig zu behelligen. Denn wenn Zügel-

straffung das Mundstück an die Laden drückt, trifft Metall ohne Zwischenpolster hart auf Knochen. Maulschmerz ist eine nahezu unausweichliche Begleiterscheinung, die eine harmonische Zügelführung empfindlich stört. Die Zunge hingegen kann den Zügeldruck elastisch abfedern, wenn sie nicht fälschlicherweise mit harter Hand gegen den Unterkiefer gepresst wird.

Maulprobleme

Pferde, die das gemeinsame Gleichgewicht mit dem Reiter noch nicht gefunden haben, oder solche, die weniger empfindlich im Maul sind, suchen mitunter schon zu Anfang der Ausbildung eine Maulstütze in der Zäumung, um ihre Unsicherheit zu stabilisieren und die Kopf-Hals-Partie von der Reiterhand tragen zu lassen. Ursachen sind oftmals fehlende oder mangelhafte Gymnastizierung und Kräftigung der Hinterhand- und Rückenmuskulatur, die zu Gleichgewichtsproblemen unter der Reiterlast führen und sich auch auf die Kopf-Hals-Partie auswirken. Die Hintergliedmaßen fußen nicht weit genug nach vorn unter den Rumpf, und sie sind zu schwach, um die Reiterlast mitzutragen. Die Gangfolge ist unsicher und schwankend, die Tritte sind kurz und stampfend, um die Balance zu finden. Das Pferd stößt gegen den Zügel und versucht den Hals zu verlängern, um mit der Balancierstange der Kopf-Hals-Partie das Gleichgewicht auszuloten, es sucht – wie der Radfahrer – im Vorwärtsdrang das Gleichgewicht und beschleunigt die Gangart, es fällt in eiligen Zackeltrab. Der Reiter greift gewaltsam in die Zügel und zwingt den Pferdekopf in die

Beizäumung hinter die Senkrechte. Das Pferd wehrt sich gegen den Zügelzwang, der Reiter wird im Sattel hart geworfen, die Spirale von Druck und Gegendruck eskaliert.

Um kraftzehrendes Untersetzen der Hinterhand zu vermeiden oder sich der anstrengenden stützenden Beugephase der Hanken zu entziehen, schiebt sich das Pferd mit gestreckten Hintergliedmaßen vorwärts, verhält sich im Gang oder weicht in kurze und eilige oder lange und schleppende Tritte aus. Es widersetzt sich der Zügelanlehnung, sperrt das Maul auf oder legt die Zunge über das Mundstück und lässt sie seitlich aus dem Maul hängen (Zungenstrecker), klappert unduldsam mit der Trense oder beisst darauf, es verwirft sich im Genick oder kriecht hinter die Zügel, um dem Druck zu entgehen, oder es sucht eine Stütze in der Zügelhand, die differenzierte Zügelhilfen unmöglich macht. Mitunter knirscht es auch unwillig mit den Zähnen (Backenzähne reiben aufeinander), um seiner Verzweiflung Ausdruck zu verleihen. Alle drei Symptome sind als Warnsignale für Überforderung oder falsche Zügelführung zu werten.

Harte, zwingende Zügelführung oder große Maulempfindlichkeit veranlasst manche Pferde, die Zunge hochzuziehen und über das Trensenmundstück zu legen, um sie dem Druckschmerz zu entziehen. Kurz geschnallte Backenstücke, die das Mundstück ganz oben auf der Zunge direkt an den vorderen Backenzähnen platzieren, ziehen die Maulwinkel hoch, drücken aufs Genick und verleiten das Pferd, die Trense zwischen die Zähne zu klemmen, verbessern aber die Situation nicht. Auch die Verwendung von Zungenstrecker-Mundstücken löst das Problem nicht, weil die Ursache in grober Zügelführung liegt.

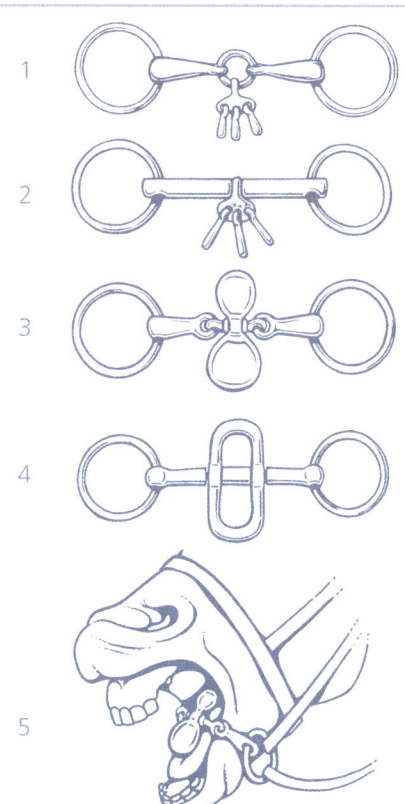

Verwerfliche Trensenmundstücke.
① – ② Gebrochene und ungebrochene Trense mit Zungenspielern. Die Anhängsel sollen die Pferdezunge zu ablenkendem Spiel anregen, damit sie sich nicht über das Mundstück schiebt. Die Ursache für Zungenstrecken, nämlich harte Zügelführung und als Folge Druckschmerz auf der Zunge, kann das Hilfsmittel nicht beheben.
③ – ⑤ Doppelt gebrochene und ungebrochene Trense mit Zungenstreckern. Bei Zügelstraffung verteilt sich der Druck auf eine große Zungenfläche und presst die Zunge gegen den Unterkiefer. Die raumgreifende, unangenehme Maulfüllung soll verhindern, dass sich die Zunge über das Gebiss legt. Das Zwangsinstrument schafft keine dauerhafte Abhilfe und ist quälend für das Pferd, zudem verhindert es einfühlsame Zwiesprache zwischen Reiterhand und Pferdemaul.

Abhilfe bei Zungenstrecken

- *Zäumung Kappzaum kombiniert mit Weichgummi- oder Kunststoff-Stangentrense und vier Zügeln.*

- *Das Pferdemaul durch Zügeldruck zunächst wenig behelligen, um den erlittenen Druckschmerz auf der Zunge vergessen zu machen.*

- *Zügelführung vorerst hauptsächlich auf den Kappzaum verlagern.*

Abhilfe bei Maulstütze

- *Stärkung des Tragapparates durch Gymnastizierung der Hinterhand (Lektionen an der Hand zur Hankenbeuge, gemäßigtes Bergaufreiten im Gelände), ständiger Wechsel annehmender und sofort wieder nachgebender Zügelhilfen mit zunehmend längeren Intervallen des Nachgebens, um die Maulstütze zu verhindern.*

- *Stärker vortreibende Hilfen, fleißige Gangfolgen in wechselnden Tempi, Seitengänge, um Aufrichtung zu fördern, ständige Beschäftigung des Pferdemaules über die Kautätigkeit.*

- *Die wechselnden Lektionen sollen das Pferd auf Dauer von der Maulstütze ablenken, bis es schließlich darauf verzichtet, weil es das Gleichgewicht gefunden hat.*

Abhilfe bei Zähneknirschen

- *Anforderungen deutlich zurückschrauben, keinerlei Hilfszügel verwenden, jeden Zwang vermeiden, einfühlsame Zügelführung.*

- *Die Ursachen sind vielfältig, viel Geduld nötig.*

Je sanfter und einfühlsamer die Zügelführung ausgeübt wird, desto entspannter und williger folgt das Pferd den Hilfen des Reiters. Eine Zäumung mit Mundstück bedeutet für das Pferd Einengung der Maulpartie, die sich steigert, wenn der Reiter zügelnd tätig wird. Kontrolle der Gangfolgen und Vorgabe der Gangrichtung sind Eingriffe, an denen die Zügelhilfen unterstützend teilhaben. Schon im Ruhezustand mit hängenden Zügeln ist der Fremdkörper im Pferdemaul eine Androhung von Schmerz, die sich erfüllen kann, wenn die Zügel gestrafft werden. Das Pferd gibt dem Druck des Mundstücks nach, um möglichem Maulschmerz zu entgehen. Ursächliche Funktionen der Zügelführung sind Lenken und Parieren des Pferdes. Auf dem Niveau höheren Dressuranspruchs verfeinert sich die Zügelführung gewaltfrei auf eine spielerische Zwiesprache der fragenden Reiterhand mit der antwortenden Pferdezunge, die den Pferdekopf niemals in eine Beizäumung hinter die Senkrechte riegelt.

Schon beim Führen eines gezäumten Pferdes zu Fuß kann das empfindliche Pferdemaul sorgsame Behandlung erfahren. Man geht an der linken Schulter des Pferdes, um durch die rückwärtige Position hinter dem Pferdeauge rein optisch eine treibende Wirkung auszuüben. Eine lange Gerte, in der linken Hand in Richtung Sprunggelenk gehalten, kann die treibende Wirkung bei gehfaulen Pferden verstärken. Die rechte Faust ergreift beide Zügel, die durch Zeige- und Mittelfinger getrennt sind. Der äußere Zügel wird etwas verkürzt, damit das Pferd leicht rechts gestellt und gelenkt ist und dem Führenden nicht auf die Füße tritt. Die rechte Hand erfasst die Zügel mindestens 30 Zentimeter vom Pferdemaul entfernt (nicht stramm, sondern nachgebend), um die Nickbewegung des Pferdes im Schritt nicht durch Rucke im Maul zu stören und eine nachgebende Zügelreserve zu haben, falls das Pferd schreckhaft zur Seite springt. In Stall und Reitbahn kann das Zügelende in die rechte Faust zurückgeführt werden, um nicht am Boden zu schleifen. Beim Führen im Freien und insbesondere bei Hengsten sollte man die Zügelenden vorsichtshalber in der linken Hand halten, damit man während eines plötzlichen Fluchtsprunges oder Aufbäumens die Zügel nachlassen kann, ohne dass sie aus der Hand gerissen werden und das Pferd davonläuft. Wenn die rechte Hand loslassen muss, kann das Pferd mit beiden Händen notfalls am langen Zügel gehalten werden.

Führen des Pferdes an der Hand. Der äußere Zügel wird etwas kürzer gefasst, damit die Richtungstendenz nach außen verhindert, dass der führenden Person auf die Füße getreten wird. Beide Zügel werden in der rechten Hand gehalten, die Zügelenden laufen entweder zurück in die rechte Hand oder werden – etwa bei schreckhaften Pferden – sicherheitshalber mit der linken gehalten, um die Zügel notfalls in voller Länge nachgeben zu können, ohne sie loslassen zu müssen.

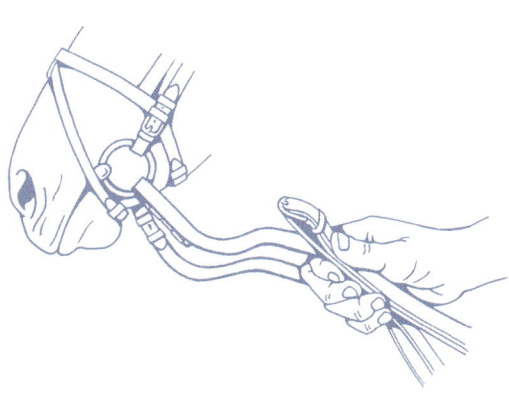

Zügelhaltung zu Fuß.
Beim Führen des Pferdes an der Hand müssen mindestens 30 Zentimeter Spielraum für die Nickbewegung bleiben, damit das Pferd nicht mit jedem Schritt einen Ruck ins Maul erhält. Die Enden der Zügel sind in die zügelführende Hand zurückgeführt.

Zügelhaltung

Hände und Arme des Reiters sind völlig locker und entspannt, die Oberarme hängen senkrecht, die Ellbogen liegen an den Hüften, die Unterarme bilden eine gerade Linie mit den Zügeln, so dass Zügelhilfen jederzeit angenommen oder nachgelassen werden können. Der Reiter darf sich die Arme vom Pferd nicht lang ziehen lassen, vielmehr müssen sie den rechten Winkel beibehalten, damit Spielraum zum Nachgeben beispielsweise für die Dehnungshaltung bleibt. Handfertigkeit für differenzierte Zügelführung, die reiterliche

Schwankungen nicht auf das Pferdemaul überträgt, muss geübt werden. Ruhige Handhaltung ist Voraussetzung für gleichmäßig anstehende Zügel, die Bewegungen des Pferdekopfes folgen, ohne die gleichmäßige Zügelanlehnung aufzugeben. Bei ruhiger und gerader Kopf-Hals-Haltung des Pferdes konzentriert sich die Zügelhand auf Kautätigkeit des Unterkiefers und Elastizität des Zungenpolsters, um auch den geringsten Gegendruck zu erfühlen. Um die Zügelhand gefühlsmäßig für subtilen Zügeldruck, für Kautätigkeit des Unterkiefers und für das Zungenspiel zu schulen, hält man die Zügel vorübergehend nur zwischen Zeigefingern und Daumen, wobei die Hände geöffnet bleiben, so dass sich die Maultätigkeit wie ein Seismograph auf die Finger überträgt.

Bei Zügelführung mit Trense laufen die Trensenzügel – mit den Innenseiten nach oben – zwischen kleinen Fingern und Ringfingern in die Zügelfäuste und verlassen sie oben zwischen Zeigefingern und Daumen, die dachförmig auf den Zügeln liegen. Die Zügelenden hängen zwischen rechter Halsseite des Pferdes und rechtem Zügel herunter. Die Zügelhilfen differenziert und dosiert der Reiter durch Einwärtsdrehen, Abkippen, Heben, Senken, Seitwärtsrücken, Zusammendrücken oder Lockern der Zügelfaust. Der unterschiedliche Zügeldruck macht sich im Pferdemaul durch stärkere oder schwächere Signale bemerkbar. Erfahrene Reiter mit geübter Zügelhand praktizieren wechselnde Zügelhaltungen, die sich nach Veranlagung des Pferdes und Maßgabe der Lektionen oder Korrekturen richten. So können die Zügel beispielsweise ebenso von oben zwischen Zeigefinger und Daumen in die Zügelfaust laufen und sie unten wieder verlassen, um die Aufrichtung der Kopf-Hals-Partie zu unterstützen. Die Zügelhaltung ist für den versierten Reiter kein starres Dogma, sondern richtet sich nach den Erfordernissen der Ausbildung.

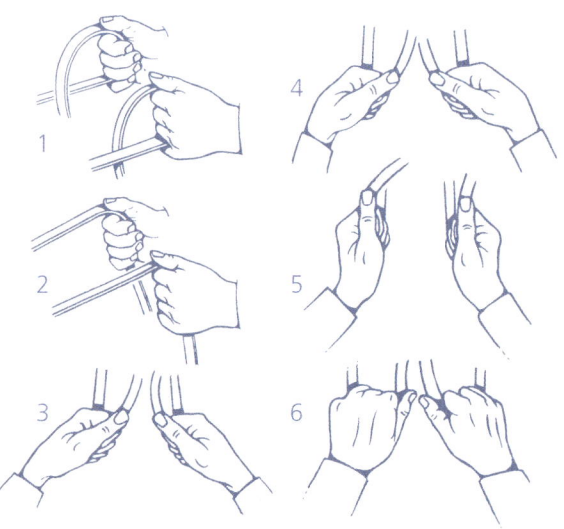

Zügelführung mit Trense.

Links: ① Standard-Zügelhaltung mit Trense. ② Korrigierende Zügelhaltung zur Anhebung der Kopf-Hals-Partie im Ausbildungsstadium des Pferdes. Die Trensenzügel laufen zwischen Zeigefinger und Daumen in die Zügelhände. ③ Korrekte Zügelhaltung, die Handgelenke bleiben locker und elastisch, die Zügelhände korrespondieren unablässig mit dem Pferdemaul.

Rechts: Fehlerhafte Zügelhaltungen, steife Handgelenke mit stark geknickten Linien zu den Unterarmen ④+⑤ und verdeckte Zügelhände (⑥: Handrücken nach oben), die eine entspannte Zügelführung verhindern.

Im Dressurreiten verwendet man Lederzügel, die glatt durch die Hand gleiten und feine Dosierungen der Zügelstraffung zulassen. Im Gelände sind Zügel aus Textilgurt von Nutzen, die einerseits durch die Hand gleiten und andererseits bei glitschiger Nässe dennoch einen festen Zugriff ermöglichen. Textilzügel mit Lederstegen sind nicht empfehlenswert, weil sie die Zügelhände zu harter, grober Zügelführung verleiten und stufenloses Durchgleiten durch die Hand verhindern.

Die Trense ist nahezu allseits beweglich. Das Spiel ihrer Einzelteile bietet vielfältige Möglichkeiten der Übertragung der Zügelhilfen auf das Pferdemaul und bedarf daher ständig leichter Fühlung mit der Zügelhand, damit das Gebiss stabil und zielgerichtet auf der Pferdezunge liegt und Zügelhilfen verständlich übermittelt. Kautätigkeit entspannt und gymnastiziert die Ganaschen und regt die Ohrspeicheldrüse zu verstärktem Speichelfluss an. Die Ganaschen werden elastischer und nachgiebiger und lassen eine geschmeidigere Beizäumung zu. Die Trense ist das optimale Mundstück für beidhändige und einseitige Zügelhilfen, die nach einleitenden vortreibenden Sitz- und Schenkelhilfen, in die Wendungen einführen, Längsbiegung und Seitengänge unterstützen und den Spannungsbogen der Versammlung runden. Die Trensenzügel sind unmittelbar mit dem Mundstück verbunden, die Signale der Reiterhand werden direkt und ohne Umweg auf Zunge und Laden übertragen. Beweglichkeit und Gelenkigkeit der Trense gestatten dem Pferd bei einfühlsamer Zügelführung, das Mundstück mit der Zunge selbsttätig in die angenehmste und bequemste Lage zurechtzurücken. Damit wird erreicht, dass das Pferd den Fremdkörper im Maul williger akzeptiert und weniger als Zwang empfindet. Zügelführung mit Trense verträgt keine Unterbrechung der Zwiesprache zwischen Reiterhand und Pferdemaul, damit die Verständigung nicht abreißt und in »Sprachlosigkeit« endet. Wenn das Pferd über Zügelhilfen keine Vorgaben, Hinweise und Anregungen empfängt und die Zügelhand »schweigt«, weiß es nicht, was der Reiter will und ergreift möglicherweise die Initiative – der Reiter verliert an Autorität.

Die direkte Zugwirkung der Zügelhände über die Trense auf das Pferdemaul wird im Vergleich und Gegensatz zur Kandare deutlich. Bei dieser verstärkt sich über den Umweg von Hebelkraft und Kinnkette die Zugwirkung der Zügelhand bei Zügelstraffung. Die Zügelhand wirkt indirekt über den Umweg mechanischer Verstärkung auf das Pferdemaul ein. Die mechanische Wirkung wird gesteigert durch die starre, ungebrochene und weitgehend unbewegliche Mundstange, die sich der Anatomie des Pferdemaules weniger angleicht als die gelenkige Trense und deshalb eine fein dosierte, differenzierte Zügelführung nicht zulässt. Die starre Unbeweglichkeit der Kandarenmundstange wird daher durch die gelenkige Unterlegtrense ergänzt, beide zusammen bilden eine Einheit unter dem Begriff »Dressurkandare«.

Trensenmundstücke

Die gebräuchlichsten Trensenformen zeichnen sich durch ein gebrochenes Mundstück mit einfachem oder doppeltem Mittelgelenk aus. Die einfach gebrochene Trense wirkt schärfer auf das Pferdemaul ein als die zweifach gebrochene. Bei grober und harter Zügelführung, bei Beschädigung oder ungenauer Passform kann die Trense erhebliche Verletzungen verursachen und das Pferdemaul bis zur Gefühllosigkeit abstumpfen. Eine kniebelnde und hin und her riegelnde Reiterfaust, die den Pferdekopf hinter die Senkrechte zwingt, fügt dem Pferd starke Schmerzen zu. Bei Zügelstraffung knicken die Seitenglieder des einfach gebrochenen Mundstücks seitlich stark ab, richten sich zur Form eines Dreiecks auf und üben eine mehr oder minder starke Klemmwirkung auf den Unterkiefer aus. Das Mittelgelenk des Mundstücks stößt schmerzhaft gegen den Gaumen (besonders bei eng geschnalltem Sperrhalfter), die Zungenränder werden gequetscht, die dünnhäutigen Laden reiben sich bis zur Entzündung auf und die Maulwinkel

scheuern sich wund. Die einklemmende Wirkung verstärkt sich, wenn das Trensenmundstück zu breit ist und die Maulwinkel auf jeder Seite mehr als einen Zentimeter überragt. Bei zu schmalem Mundstück werden die Maulwinkel eingeengt und wundgescheuert.

Die empfindlichen Maulwinkel müssen gegen ausgeleierte Wassertrensen durch ständige Kontrolle der Maulwinkel und Mundstücke geschützt werden. Bei Gebrauch der Wassertrense werden mitunter Gummischeiben verwendet, beispielsweise gegen ausgeleierte Ringlöcher oder um den Begrenzungs- und Lenkeffekt einer Renntrense (D-Trense) zu erzielen. Trockenes Gummi kann jedoch die Maulspalten wundreiben, zumal wenn die Scheiben eng anliegen. Die Wahl eines breiteren Trensenmundstücks mit Raum für die Gummischeiben ist nicht empfehlenswert, weil sich bei Zügelanzug der Klemmeffekt auf den Unterkiefer erhöht. Die Nachteile der Gummischeiben überwiegen, Olivenkopf-, Renn- und Schenkeltrense leisten bessere Dienste und sind maulfreundlicher.

Die zweifach gebrochene Trense mit integriertem Doppelgelenk (KK-Conrad-Gebiss) ist als maulfreundlichste Trensenkonstruktion zu werten, weil sie sich formgerecht der anatomischen Rundung der Zunge anschmiegt, Gelenke und Mittelglied nicht gegen den Gaumen stoßen und die Seitenglieder des Mundstücks nur geringe Klemmwirkung auf die Laden ausüben. Scharniertrensen mit Doppelgelenk (z. B. »Dr. Bristol«) hingegen sind weniger maulfreundlich, weil die schmalen Kanten der hervorstehenden, nicht integrierten Mittelglieder bei Zügelanzug und Drehung des Mundstücks schmerzhaft auf Zunge und Gaumen drücken können. Zweifach gebrochene Trensen mit rundem Kupfermittelstück werden von manchen Pferden gern angenommen, weil sie eine süßsäuerliche Geschmackskomponente absondern.

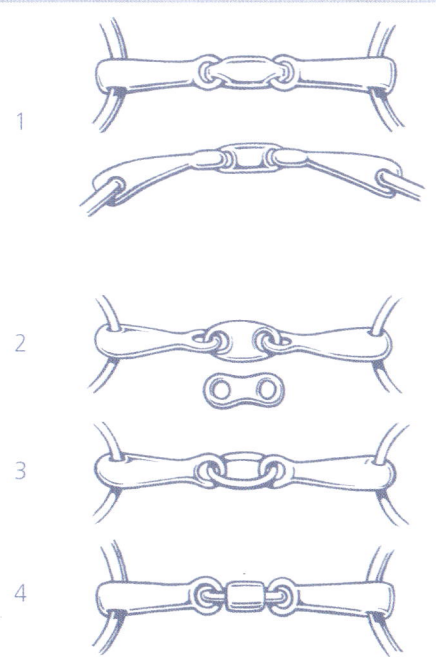

Trensenmundstücke, doppelt gebrochen.
① Mundstück mit integriertem Mittelglied (KK-Conrad-Gebiss) von vorn und unten gesehen. Mittelglied und Gelenke gehen ohne Erhebungen in die Seitenglieder über und liegen auch bei Drehung glatt auf der Zunge, ohne einen exponierten Druckpunkt zu bilden. Weiche Druckwirkung auf Zunge und Laden, kein Druck gegen den Gaumen. Für das Pferdemaul das zur Zeit angenehmste und schmerzfreieste Mundstück auch bei ungeübter Zügelhand.
② Trensenmundstück »Dr. Bristol«. Bei Zügelstraffung richtet sich das mittlere Metallplättchen (oval geformt oder eingezogen), das bei hängendem Zügel flach auf der Zunge liegt, senkrecht auf und drückt mit der Kante, besonders bei eng geschnalltem Sperrhalfter, schmerzhaft gegen Zunge und Gaumen. Bei starker Beizäumung des Pferdekopfes legt sich das Mittelstück wieder flach auf die Zunge und der punktuelle Druck lässt nach.
③ Trensenmundstück »Dick Christian« mit ähnlichem Effekt. Beide Scharniertrensen sind wegen ihres punktuellen Druckschmerzes auf Gaumen und Zunge nicht empfehlenswert.
④ Trensenmundstück mit drehbarer Kupferrolle, die eine Geschmackskomponente abgibt und das Pferdemaul zur Kaubewegung und Einspeichelung veranlassen soll. Glatte Kupferrollen sind vorzuziehen, geriffelte Rollen können die Zunge bei reger Kautätigkeit wundreiben.

Bei Zügelstraffung gleitet die Trense auf der Zunge etwas zurück, gleichzeitig dreht sie sich ein wenig um sich selbst nach vorn, so dass nicht – wie in Ruhelage – die Rückseite, sondern die »Unterkante« des Mundstücks auf die Zunge drückt. Deshalb sollte das Mittelgelenk nicht dicker geformt sein als die Seitenglieder, damit der Druck auf die Zunge auch bei Lageveränderung möglichst gleich bleibt und keine zusätzlichen Druckpunkte entstehen. Das integrierte Doppelgelenk der zweifach gebrochenen Trense erfüllt diese Forderung und gewährleistet in jeder Lage ein gleich bleibendes Druckprofil (KK-Conrad-Gebiss).

Die veraltete Bezeichnung »Knebeltrense« für die Schenkeltrense suggeriert fälschlicherweise Zwang und Gewalt. Gleichwohl ist vor allem die doppelt gebrochene Variante genau das Gegenteil und für das Pferdemaul die angenehmste aller Trensen, die dem Reiter zudem eine genaue Zügelführung er-

möglicht. Die Konstruktion mit nicht drehbaren Stäben und beweglichen Außenringen bietet die optimale Lösung für die Ausbildung junger Pferde. Die um etwa zwei Zentimeter auswärts verlagerten Ringlöcher verbreitern die Ansatzpunkte der Zügel, angedeutete Lenkhilfen übertragen sich deutlicher und führen das junge Pferd verständlicher in die Wendung. Eine sanfte und erfahrene Reiterhand ist erforderlich, um den Klemmeffekt auf den Unterkiefer zu vermeiden, denn durch die herausragenden Seitenglieder werden die Zügelhilfen etwas schärfer übersetzt. Die langen Schenkel schonen und schützen die Maulwinkel optimal und verhindern, dass die Trense ins Pferdemaul gezogen wird. Zudem verhindert die Fixierung des oberen Stabendes durch den Ledersteg am Backenstück, dass sich das Mundstück bei Zügelstraffung auf der Zunge dreht. Denn das »knubbelige« Mittelgelenk des einfach gebrochenen Trensenmundstücks übt punktuellen Druck vor allem auf die Zunge aus, der sich bei Drehung des Mundstücks verstärkt. Bei hartem Zügelanzug kann die

Trensenmundstücke.
① Wassertrense ohne Maulwinkelschutz. Die Ringlöcher können ausleiern, scharfe Grate bilden und die Maulwinkel schmerzhaft einklemmen und verletzen. Das Trensenmundstück im Pferdemaul soll den Maulwinkeln sanft anliegen, die höchstens eine Falte bilden. Regelmäßige Kontrolle auf Abnutzung der beweglichen Verbindung ist erforderlich. ② Olivenkopftrense und ③ Renntrense (D-Trense), doppelt gebrochen, mit Maulwinkelschutz. Die Lefzen können kaum eingeklemmt werden.

Drehung des Mundstücks der einfach gebrochenen Trense zur Folge haben, dass das
Pferd in Versuchung gerät, die Zunge über
das Mundstück zu legen (Zungenstrecker),
um sie dem Druck zu entziehen.

*Schenkeltrense (Knebeltrense) mit
Außenringen, die in der Spanischen
Hofreitschule in Wien gebräuchlich ist.*

**Schenkeltrense mit Außenringen und Eng-
lischem Reithalfter (dunkel).**
Da die Maulpartien anatomisch unterschiedlich geformt sind, muss die Schenkeltrense
genau angepasst sein, damit alle Vorzüge
voll zur Geltung kommen. Der steife, an-

genähte Ledersteg am Backenstück (Pfeile)
hält den Trensenstab in geringer Schräge zur
Maulspalte. Generelle Vorzüge der Schenkeltrense sind:
1. Der Trensenring kann nicht ins Maul gezogen werden.
2. Die Maulwinkel sind gegen Einklemmung
   geschützt.
3. Die Stäbe legen sich in Wendungen an
   die Außenlippen und geben besonders
   jungen Pferden in der Ausbildung sanfte
   Lenkhilfen.
4. Das Mundstück kann sich nicht auf der
   Zunge drehen, so dass die Gefahr des
   Zungenstreckens gemindert ist.
5. Die Schenkeltrense mit Halbringen erweist
   sich als maulschonend auch bei Handfeh-
   lern von Reitanfängern.

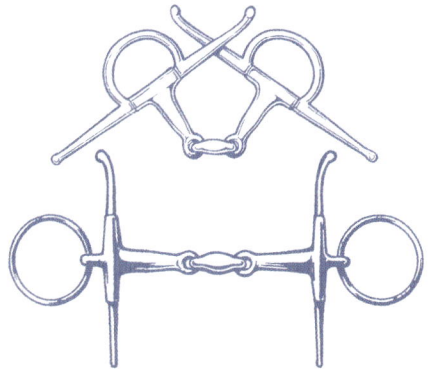

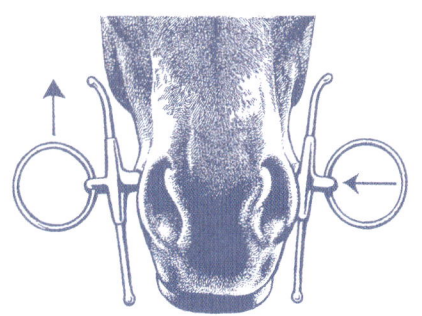

Schenkeltrensen.

Oben: Varianten der Schenkeltrense: mit Halbringen für Reitanfänger und mit Außenringen für geübte Zügelhände (KK-Conrad-Gebiss). Letztere bietet den Maulwinkeln optimalen Schutz.

Unten: Lenkeffekt der Schenkeltrense. Wird beispielsweise der rechte Zügel angenommen (linker Pfeil), so legt sich der linke Stab (rechter Pfeil) sanft und schmerzfrei an den linken Maulwinkel und drückt den Pferdekopf leicht nach rechts in die Wendung hinein. Die deutliche Lenkhilfe der maulschonenden Schenkeltrense mit Außenringen ist besonders für die Ausbildung junger Pferde geeignet: Kein Drehgelenk kann die Maulwinkel einklemmen und verletzen.

Arbeit mit der Doppellonge. Dafür ist die Schenkeltrense das am besten geeignete Gebiss, weil die Maulwinkel geschont werden. Zudem bieten die seitlichen Stäbe, die sich in Wendungen sanft an die äußere Lefze legen, einen deutlichen Lenkeffekt.

Wegen des sanften Lenkeffektes durch die Seitenstäbe leistet die Schenkeltrense auch am langen Zügel gute Dienste.

Lektionen am langen Zügel. Druckkontakte der Zügelhände auf die Pferdekruppe unterstreichen die Zügelhilfen. Bei nervösen Pferden, die zum Auskeilen neigen, werden die Zügel vorsichtshalber länger gefasst, so dass angemessener Abstand eingehalten wird. Da die Zügelhände keine Auflage haben, kann die Zügelführung an Präzision verlieren.

Zusammenfassend kann festgestellt werden,

• dass vollendete Zügelführung auf Trense die Zügelhilfen vornehmlich auf die Pferdezunge konzentriert und den Druck auf die Laden reduziert.

• dass Zügelanlehnung im fortgeschrittenen Ausbildungsstadium sich zunehmend in nachgebende Zügelführung verwandelt,

• dass die einfach gebrochene Trense im Pferdemaul schmerzende Druckpunkte auf Zunge, Laden und Gaumen auslösen kann, wenn sie sich bei Zügelstraffung zum Dreieck aufrichtet, und

• dass die doppelt gebrochene Schenkeltrense (KK-Conrad-Gebiss) die maulfreundlichste Variante aller Trensen darstellt, die dem Pferd Maulschmerz ersparen kann und für die Ausbildung von Pferd und Reiter von größtem Nutzen ist.

Stangentrensen

Ungebrochene Stangentrensen, die der Mundstange einer Kandare gleichen und vorwiegend von der Pferdezunge getragen werden oder nur geringfügig den Laden aufliegen (gebogene Stangentrensen), sind ein Zwittergebilde zwischen Kandare und Trense: Für echte Kandarenwirkung fehlen die Hebel und eine Fixierung durch die Kinnkette; für echte Trensenwirkung fehlen Beweglichkeit und Lenkeffekt des gebrochenen Mundstücks.

Eine ungebrochene Mundstange bedarf bei beidhändiger Zügelführung präziser Zügelhilfen. Bei einseitigem Zügelanzug drückt das gegenüberliegende Ende der Mundstange gegen den Gaumen und irritiert das Pferd. Theoretisch gesehen müssten beide Zügel der Stangentrense – wie die der Kandarenstange – mit einer Hand geführt werden, um ein Verkanten der Mundstange zu vermeiden. Die Stangentrense eignet sich deshalb eher für die erfahrene Reiterhand, die Kandarenstangen zu bedienen weiß. Da die Stangentrense vorwiegend vom Zungenpolster getragen wird, eignen sich Modelle aus hartem Material (Metall oder Hartgummi) eher für Pferde mit dicker Zunge, die den Zügeldruck elastisch auffängt.

Stangentrensen aus Weichgummi und Kunststoff schmiegen sich eher der anatomischen Form des Pferdemaules an, sind nachgiebiger und elastischer und daher besser für zweihändige Zügelführung geeignet, weil sie sich der Beweglichkeit der gebrochenen Trense annähern. Für die Korrektur des verdorbenen, abgestumpften Pferdemaules können Stangentrensen aus Weichgummi und Kunststoff gute Dienste leisten. Ebenso kann die biegsame, weiche Gummi- oder Kunststoffstange mit einfachem Trensenzaum ohne Reithalfter dem Reiter als vorbereitende Übung für die Kandare dienen, zudem werden die Laden des Pferdes geschont.

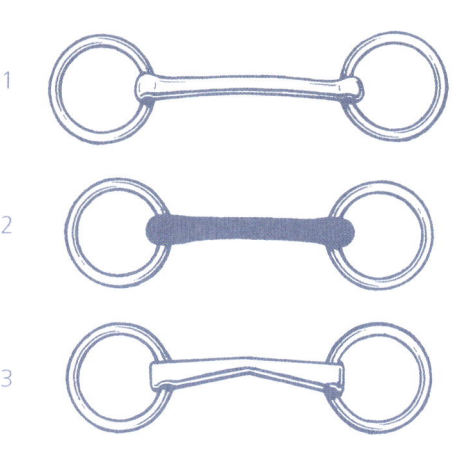

Stangentrensen.

① Stangentrense aus Metall, leicht gebogen. Bei einseitigem Zügelanzug verkantet sich die Mundstange im Pferdemaul. Eher für geübte Zügelhände oder für einhändige Zügelführung geeignet.

② Flexible Stangentrense aus Weichgummi mit Metallseele, auch aus Hartgummi erhältlich.

③ Flexible Stangentrense aus Kunststoff mit Metallseele zur Förderung der Kautätigkeit. Die beiden flexiblen Mundstangen eignen sich für die Gewöhnung empfindlicher und die Sensibilisierung abgestumpfter Pferdemäuler. Die Gummitrense verlangt ausreichende Einspeichelung, um einen »Radiereffekt« auf der empfindlichen Schleimhaut der Laden zu vermeiden.

Reithalfter

Ein Reithalfter besteht aus einem einfachen oder doppelten Nasen-Kinnriemen, der um die untere Hälfte des Pferdekopfes geschnallt wird, sowie dem Kopfstück, das den Nasen-Kinnriemen in der gewünschten Höhe am Pferdekopf fixiert. Reithalfter werden mit dem einfachen Trensenzaum kombiniert, um die Zügelhilfen zu präzisieren.

Der einfache Trensenzaum ohne Reithalfter besteht aus Genickstück, Backenstücken mit Trensenmundstück, Kehlriemen, Stirnriemen und Zügeln. Da diese Grundkonstruktion des Lederzaumes keinen Nasen-Kinnriemen besitzt, der Ober- und Unterkiefer zusammenhält, sind dem Pferd uneingeschränkte Maulöffnung und Kaubewegung gestattet. Erst das zusätzliche Reithalfter mit Nasen-Kinnriemen, der in unterschiedlicher Höhe um die untere Hälfte des Pferdekopfes geschnallt wird, begrenzt die Maulöffnung, um dem Zügeldruck des Mundstücks auf Zunge und Laden Nachdruck zu verleihen und ein Aufsperren des Pferdemaules während der Zügelhilfen zu verhindern. Die mehr oder minder enge Einschnürung von Ober- und Unterkiefer kann bei harter und grober Zügelführung in beträchtlichen Zwang ausarten. Um dem Pferd ausreichende Kaubewegung zu ermöglichen, muss zwischen Nasenrücken und Nasenriemen des Reithalfters ein angemessener Spielraum bleiben – mindestens zwei Finger sollen zwischen beiden bequem Platz finden.

Da Pferde nur durch die Nase atmen können, muss der Nasenriemen eines jeden Reithalfters mindestens eine Handbreit über dem oberen Nüsternrand liegen, damit die Atmung nicht behindert wird. Aus gleichem Grund soll zwischen Kehle des Pferdes und Kehlriemen des Trensenzaumes so viel Spielraum bleiben, dass eine aufrecht gestellte Hand dazwischengeschoben werden kann.

Je nach Konstruktion und Enge der Verschnallung kann das Reithalfter die Zügelhilfen erheblich verstärken und verschärfen. Je enger das Reithalfter geschnallt ist und die Kaubewegung einschränkt, desto schärfer wirken die Zügelhilfen auf das Pferdemaul ein. Bei angemessen lockerer Verschnallung und sanfter, gekonnter Zügelführung jedoch kann das Reithalfter die Zugwirkung der Zügel abmildern, weil sich der Zügeldruck auf Mundstück und Nasenriemen verteilt. Je tiefer abwärts der Nasen-Kinnriemen um den Pferdekopf geschnallt wird, desto stärker werden Kaubewegung und Atmung eingeschränkt. Je breiter der Nasenriemen, desto weicher ist der Druck auf das Nasenbein; dünne, rundgenähte Riemen drücken sich hingegen leicht in die Haut ein und verschärfen den Druck.

Form und Konstruktion der Trensenzäumung müssen der anatomischen Ausprägung des Pferdekopfes entsprechen, sie darf an keiner Stelle einengen, drücken oder scheuern und muss dem Ohrenspiel hinreichend Raum geben. Pferde mit kurzer Maulspalte und Maulpartie vertragen kein Hannoversches Sperrhalfter, weil der tief liegende Nasenriemen zwangsläufig die Atmung behindert.

Gebräuchliche Reithalfter.

Links: Der einfache Trensenzaum ohne zusätzliches Reithalfter ist die angenehmste und zwangfreieste Trensenzäumung, weil sie dem Pferdemaul freie Kaubewegung gestattet und keinerlei Sperrzwang ausübt.

Mitte: Englisches Reithalfter. Mildeste Variante aller Reithalfter bei entsprechend lockerer Verschnallung. Der Nasen-Kinnriemen verläuft dicht unterhalb der Jochbeinleiste um den Pferdekopf und ruht auf festen, weniger druckempfindlichen Knochenpartien. Bei Zügelstraffung wird der Druck auf Nasenrücken und Unterkiefer zudem durch den breiten Nasenriemen abgeschwächt. Das Reithalfter verhindert das Aufsperren des Maules, lässt aber ausreichende Kaubewegung zu. Durch die hoch liegende Position am Pferdekopf bleibt die Atmung unbehelligt und das Maul wird nicht zugeschnürt. Bei Zügelanzug kommen zwei Druckpunkte zur Wirkung, und zwar jeweils im oberen Bereich des Nasenrückens und des Unterkiefers.

Rechts: Hannoversches Reithalfter. Diese Konstruktion dürfte dem Pferd von allen gängigen Reithalfterformen die größte Pein bereiten, weil sie häufig unverstanden, gedankenlos, aber auch mit gewolltem Zwang eingesetzt wird. Bei Zügelzwang liegen die beiden Druckpunkte in der Kinngrube und auf dem unteren, empfindlichen Bereich des Nasenrückens. Ein Reithalfter mit kurz geschnallten Backenstücken zieht Trensenmundstück und Maulwinkel hoch, lässt aber der Atmung mehr Freiraum, weil der Nasenriemen höher liegen kann. Ein tief liegender Nasenriemen schnürt die Nüsternblähung ein. Zwischen Nasenriemen und Nasenrücken sollen zwei bis drei Finger Platz finden, um den Sperrzwang für das Pferd erträglich zu machen.

Ungeeignete Reithalfter.
Links: Mexikanisches Reithalfter, die Kreuzriemen können verrutschen, wenn die Rosette im Kreuzpunkt nicht fest vernäht ist. Die oft dünnen, rundgenähten Kreuzriemen schneiden in die Haut ein. *Rechts:* Bügelhalfter, beide Konstruktionen schränken die Kautätigkeit durch zwei Unterkieferriemen erheblich ein, die Atmung ist jedoch nicht behindert. Das Englische Reithalfter ist vorzuziehen, weil es den Unterkiefer nur einmal umschließt und die Kaubewegung weniger einengt.

Ausbalancierte Piaffe, Zäumung Schenkeltrense ohne Reithalfter. Vorbildlich nachgebende Zügelführung, freie, natürliche Kopf-Hals-Haltung des Pferdes, rege Kautätigkeit, das Pferdemaul bleibt geschlossen.

Junges Pferd im Ausbildungsstadium, Zäumung Trense mit Englischem Reithalfter, der Sperrzwang des Nasen-Unterkieferriemens ist gering.

Das Hannoversche Reithalfter wurde konstruiert, um die Maulöffnung zu begrenzen, die Zügelhilfen zu präzisieren und ihnen Nachdruck zu verleihen. Die Wirkung wird von zwei Druckpunkten am Kinn und auf dem Nasenrücken bestimmt. Der Kinnriemen verläuft gleich unterhalb der Maulwinkel um die Kinngrube, um bei Zügelstraffung den Druck des Trensenmundstücks auf das Kinn abzustützen. Der Nasenriemen liegt eine Handbreite über dem oberen Nüsternrand, möglichst hoch auf festem Knochen (nicht unten auf der knorpeligen, hoch empfindlichen Nasenbeinspitze!), damit er keinen Druckschmerz auslöst und die Atmung nicht behindert. Bei Zügelzug gibt der Unterkiefer nach, der Nasen-Kinnriemen spannt sich. Da sich beide Druckpunkte nahezu auf gleicher Höhe gegenüberliegen, überträgt sich der Zügeldruck auch auf den Nasenrücken und die Zugwirkung wird abgemildert. Der Nasenriemen verläuft horizontal zum Backenstück, und der Kinnriemen knickt zwangsläufig nach unten ab, um das Kinn unterhalb des Trensenmundstücks zu umfassen. Die kleinen Ringe der Backenstücke, an denen beide Riemen ansetzen, sollen mindestens eine Fingerbreite von der Maulspalte entfernt und nur wenig höher als die Maulwinkel platziert sein, damit Trensenmundstück und Maulwinkel nicht extrem hochgezogen werden. Da die Maulpartien unterschiedlich geformt sind, müssen die Längen von Nasen- und Kinnriemen dem individuellen Maulumfang des Pferdes genau angepasst sein.

Der Nasen-Kinn-Riemen eines jeden Reithalfters muss mindestens zwei Finger breit Spielraum lassen.

Kombiniertes Reithalfter: Einerseits verschärfte Variante des Englischen Reithalfters, andererseits entschärfte Konstruktion des Hannoverschen Reithalfters, die Atemtätigkeit wird nicht behindert. Zwei Unterkieferriemen schränken die Kautätigkeit erheblich ein.

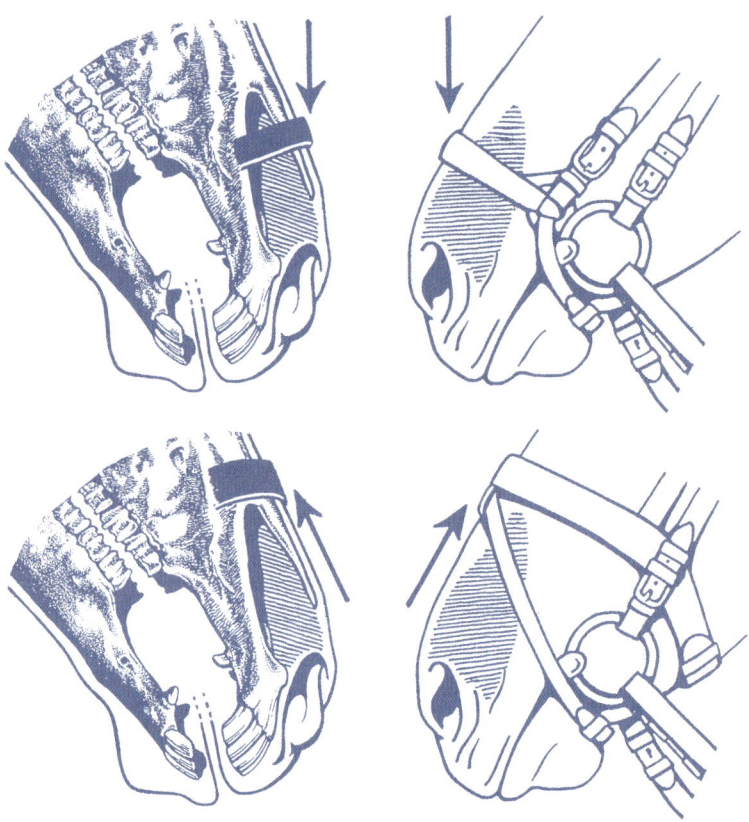

Position des Nasenriemens.

Oben: Der tief liegende Nasenriemen des Hannoverschen Sperrhalfters drückt fast immer auf das frei herausragende, höchst druckempfindliche, elastische Ende des Nasenbeins und auf die Blähzone oder Nasentrompete der Nüstern (schraffiert), die sich bei heftiger Atmung ausdehnt. Auf der Nasenbeinspitze kann Druckschmerz entstehen und die Atmung wird behindert. Nicht jeder Pferdekopf besitzt eine günstige anatomische Passform für das Sperrhalfter, die Ausformung der Maulpartie kann höchst unterschiedlich sein.

Unten: Der hoch liegende Nasenriemen des Englischen Reithalfters und der Kombinierten Reithalfter ruht auf dem festen, druckunempfindlicheren Schädelteil oberhalb des Nasenbeinwinkels. Auf dem harten, unelastischen Schädelknochen kann der breite Nasenriemen kaum Druckschmerz auslösen und auch die Atmung nicht behindern, weil er oberhalb der Blähzone verläuft.

Die Blähzone kann – unabhängig von der Länge der Maulspalte – unterschiedliche Ausdehnung haben. Deshalb ist es notwendig, die weich fühlbare Blähzone bis zum Nasenbeinwinkel mit dem Finger abzutasten, um ihre Länge und damit eine störungsfreie Lage des Nasenriemens zu erkunden, die die Atmung nicht behindert. Auch bei hoher Verschnallung des Hannoverschen Reithalfters ist der Bereich der Blähzone eingeengt. Der Nasenriemen aller anderen Reithalfter liegt fast immer oberhalb der Blähzone auf festem Knochen.

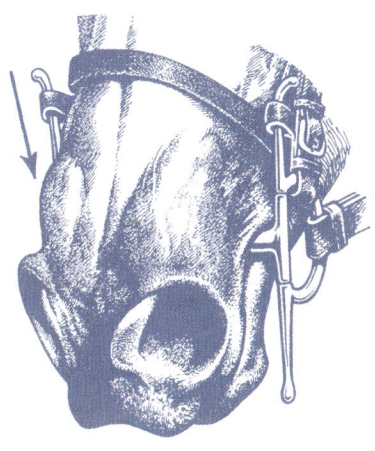

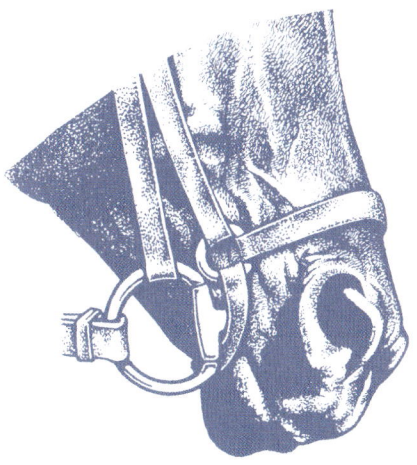

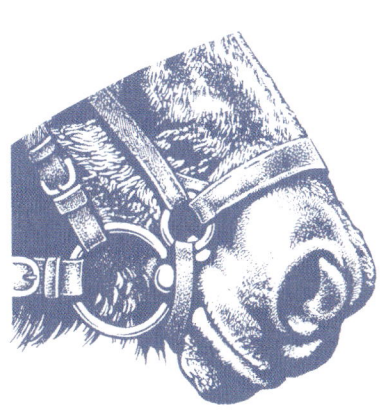

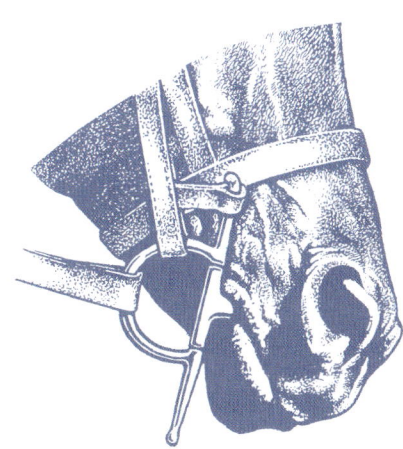

Blähzone der Nüstern.

Oben: Bei extrem heftiger Atmung sind die Blähzonen deutlich sichtbar. Bei ruhiger Atmung können sie mit dem Finger ertastet werden.

Unten: Für die kurzen Maulspalten von Ponys und Kleinpferden empfiehlt sich das Hannoversche Reithalfter zumeist nicht, weil der Nasenriemen zwangsläufig zu tief sitzt und bei heftiger Atmung auf die Blähzone drückt.

Oben: Für kurze und zierliche Maulpartien (Araber, vollblütige Ponys etc.) ist das Hannoversche Reithalfter ebenfalls ungeeignet, weil es Atmung und Blähzone einschnürt.

Unten: Empfehlenswert ist das Englische Reithalfter.

Trensenzäumung mit kombiniertem Reithalfter. Durch zwei Unterkieferriemen ist die Kautätigkeit erheblich eingeschränkt, die Atmung ist nicht behindert.
Oben: *Mittelgalopp, die Zügelanlehnung ist nachgebend und gleicht sich dem erweiterten Rahmen des Pferdes an, der Pferdehals ist nicht eingeengt. Unten: Trabverstärkung, Zügelanlehnung nachgebend, Kopf-Hals-Haltung natürlich und entspannt.*
In beiden Fällen relative Aufrichtung ohne Zügelzwang, vorbildliche Zügelführung.

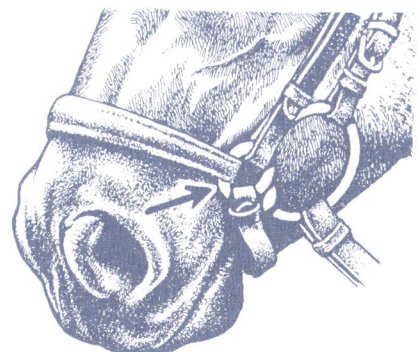

Hannoversches Reithalfter.

Oben: Unpassendes Reithalfter. Backenstücke und Nasenriemen sind zu lang, die kleinen Halterringe drücken auf die Enden des Trensenmundstücks. Der Nasenriemen liegt zu tief und behindert die Atmung. Zudem fehlt der Verbindungssteg vom Nasenriemen zum Backenstück über dem kleinen Halterring (Pfeil), so dass der Nasenriemen nach unten auf die Nüstern rutscht. Durch den Druck der Halterringe auf das Mundstück ist die Zügelführung gestört, die Kaubewegung hat wenig Freiraum und der Sperrzwang ist zu groß.

Unten: Passendes Reithalfter. Der Nasenriemen verläuft hoch über den Nasenrücken und stört die Atmung kaum, die Halterringe liegen reichlich eine Fingerbreite von der

Maulspalte entfernt und etwas oberhalb der Maulwinkel, ohne die Trense zu berühren. Der Verbindungssteg (Pfeil) hält den Nasenriemen in rechtwinkliger Position zum Backenstück. Der Kinnriemen liegt unterhalb des Mundstücks und ist so lang verschnallt, dass die Maulwinkel nicht hochgezogen werden.

Faustregeln für Trensenzäumungen

● *Olivenkopftrensen, D-Trensen und Schenkeltrensen schonen die Maulwinkel und bewahren sie mehr oder weniger vor Einklemmung und Verletzung.*

● *Doppelt gebrochene, integrierte Mundstücke (KK-Gebiss) verschonen den Gaumen und mindern den Klemmeffekt auf den Unterkiefer.*

● *Je stärker der Druck eines Trensenmundstücks auf die Zunge, desto größer das Bestreben des Pferdes, die Zunge dem Druck zu entziehen und über das Gebiss zu legen.*

● *Je tiefer das Gebiss im zahnfreien Raum liegt, das heißt näher zu den Haken- oder Schneidezähnen hin, desto zwingender wird die Druckwirkung auf den Unterkiefer.*

● *Zügelführung mit Trense erfordert ständige Zügelanlehnung, also ständige Zwiesprache zwischen Reiterhand und Pferdemaul.*

● *Ungebrochene Stangentrensen eignen sich eher für die erfahrene Zügelhand, weil sie sich bei beidhändiger Zügelführung im Pferdemaul verkanten können.*

● *Reithalfter müssen so locker geschnallt sein, dass die Kaubewegung hinreichend möglich ist, und der Nasenriemen muss so hoch auf dem Nasenbein liegen, dass die Atmung nicht behindert wird. Der Spielraum sollte so groß sein, dass zwei bis drei Finger zwischen Nasen-Unterkieferriemen und Pferdekopf Platz finden.*

Fragwürdige Hilfsmittel zur Zügelführung

»**J**e komplizierter und aufwändiger das Instrumentarium an Leder und Metall, desto größer der Stümper, der es bedient«, kritisierten sinngemäß schon im 18. Jahrhundert der französische Reitmeister François Robichon de la Guérinière und gleichgesinnte Kollegen jene Reiter, die bestrebt waren, reiterliches Unvermögen durch zwingende Hilfsmittel zu ersetzen. Wenngleich eher indirekt angesprochen, meint die Kritik vor allem fehlerhafte Zügelführung, die zumeist Ursache für die Anwendung zwingender Zusatzinstrumente ist.

Eine Reitregel besagt, dass eine Zäumung so sanft oder so scharf sei wie die Reiterhand, die sie bedient. Diese Feststellung trifft nur bedingt zu, denn es gibt Gebisskonstruktionen, die auch bei behutsamer Zügelführung höchst unangenehm für das Pferd sein können. Eine Vielzahl von »Korrekturmundstücken« wird im Fachhandel angeboten, die das Pferd unter Zwang und Schmerz gefügig machen sollen. Es ist ein Irrtum zu glauben, dass eine zwingende Zäumung mit allerlei raffinierten Zusatzutensilien, die bei gewaltsamer Zügelführung zudem den Tatbestand der Tierquälerei erfüllt, den Mangel an reiterlichen Fähigkeiten ausgleichen oder ein reiterlich verdorbenes Pferd korrigieren könne. Zwang ruft Verkrampfung und Gegendruck hervor, Verspannungen der Kopf-Hals-Partie und des Pferderückens sind die Folge.

Mechanische Hackamore kombiniert mit Trensenmundstück und Verbindungsriemchen, in die ein Zügelpaar eingeschnallt ist. Ungenaue Zügelführung, bei grober Zügelhand zwingendes und tierquälerisches Marterinstrument. Ober- und Unterkiefer werden bei Zügelstraffung zusammengedrückt, gleichzeitig setzt der Druck der Trense im Pferdemaul ein, die Kautätigkeit ist ausgeschlossen.

Mechanische Hackamore ohne Mundstück. Bei Zügelanzug entsteht Druck auf Ober- und Unterkiefer sowie Genick (Pfeile). Das Pferdemaul bleibt unbehelligt, zwingende Kandaren- Hebelwirkung auf Nasenbein und Unterkiefer. Verwerfliche Zäumung.

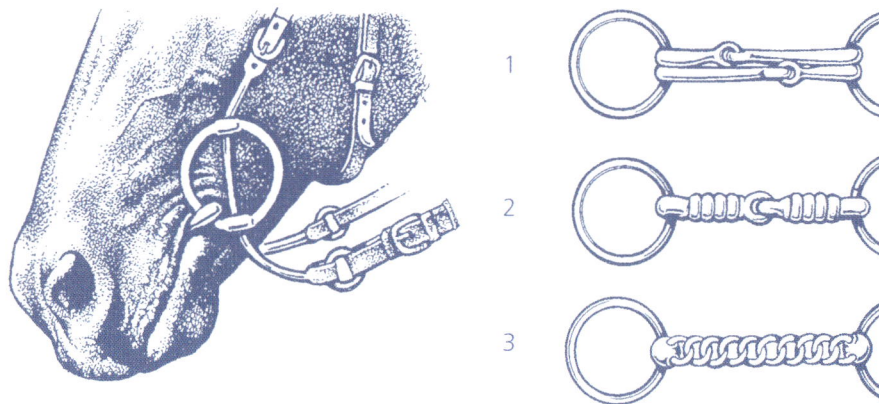

Quälerische Zäumung.

Links: Die Aufziehtrense mit vorwiegender Wirkung auf die Mundwinkel ist ein unreiterliches mechanisches Zwangsmittel. Große Trensenringe sind oben und unten mit Ösen versehen, durch die Nylonschnüre oder rundgenähte, dünne Backenstücke des Zaumes gleiten. Unterhalb der Trensenringe sind Zügel in die Enden der Backenstücke eingeschnallt. Bei Zügelstraffung gleitet der Trensenring aufwärts, die Maulwinkel werden schmerzhaft hochgezogen, der Druck im Genick verstärkt sich. Differenzierte dressurmäßige Zügelführung ist nicht möglich, fein dosierte Hilfen können nicht auf das Pferdemaul übertragen werden. Jede Zügelstraffung gleicht zwingender Gewaltanwendung. Das Folterinstrument ist strikt abzulehnen.

Rechts: Quälerische Trensenmundstücke. ① Doppeltrense; die ungleich langen Seitenglieder mit asymmetrisch versetzten Gelenken quetschen Zunge, Laden und Lefzen bei Zügelanzug. Ein Zwangsgebiss, das eine differenzierte Zwiesprache zwischen Reiterhand und Pferdemaul nicht zulässt. ② Rollentrense mit nebeneinander aufgereihten, drehbaren Röllchen, gleich einer Perlenkette. ③ Kettentrense, ähnlich einer Kinnkette. Beide Mundstücke wirken bei riegelnder Zügelführung wie eine Säge im Pferdemaul.

Nussknacker für den Unterkiefer

Das Trensengebiss ist grundsätzlich für beidhändige Zügelführung ausgelegt. Seine variable Wirkungsweise eignet sich nahezu für alle Reitweisen und jedes Ausbildungsstadium von Pferd und Reiter. Eine Trense überträgt die Zugkraft der Reiterhand direkt auf das Pferdemaul, sie ist drei- bis vierfach gelenkig (einfach und doppelt gebrochen), gestattet die ein- und wechselseitige, bewegliche und differenzierte Zwiesprache beider Zügelhände mit dem Pferdemaul und kann deshalb auch eine Lenkhilfe sein.

Die Kandare ist grundsätzlich für einhändige Zügelführung vorgesehen. Die ungebrochene Mundstange ist starr und unbeweglich, sie darf sich nicht verkanten und ihre Position auf der Pferdezunge nicht wesentlich verändern, deshalb erlaubt sie keine einseitigen Lenkhilfen. Das Spiel der Reiterhand mit der Kandare ist kaum variabel; ihre Zugkraft wird indirekt über die verstärkende Hebelwirkung auf das Pferdemaul übertragen, die beträchtlichen Zwang ausüben kann. Deshalb eignet sich Kandarenzäumung prinzipiell nur für vollendet ausgebildete Pferde und erfahrene Reiter mit einfühlsamer Zügelhand, die ausgewogene Gewichtshilfen beherrschen.

Um die Wirkungsweise von Trense und Kandare zu vereinen und die Zügelführung zu vereinfachen, erfand man Zwittergebilde, – gebrochene Trensenmundstücke mit angehängten Kandarenhebeln und Kinnkette sowie ähnliche Konstruktionen – die jedoch in ihrer Auswirkung auf Zügelführung und Pferdemaul höchst problematisch sind. Die drehbaren oder beweglichen Kandarenschenkel verschärfen über die Hebelwirkung den Klemmeffekt auf den Unterkiefer des zum Dreieck aufgerichteten, gebrochenen Trensenmundstücks, statt ihn zu mildern. Die Zügelhilfen übertragen sich ungenauer und irritierend auf das Pferdemaul und verführen den Reiter zu grober Zügelführung. Der Vorzug der Kandare – präzise Zügelführung – ist aufgehoben. Der Vorzug der Trense – fein dosierte und variable Hilfengebung – wird vergröbert und verschärft. Die Vorteile beider Mundstücke, nämlich die präzise Zügelführung einerseits und differenzierte Zügelhilfen andererseits, kommen nicht zur Geltung. Ihre Nachteile hingegen, unkontrollierte Hebelwirkung und Klemmeffekt, verstärken sich. Auch ein doppelt gebrochenes Mundstück vermag den Klemmeffekt auf den Unterkiefer angesichts der zwingenden Hebelwirkung kaum zu mildern.

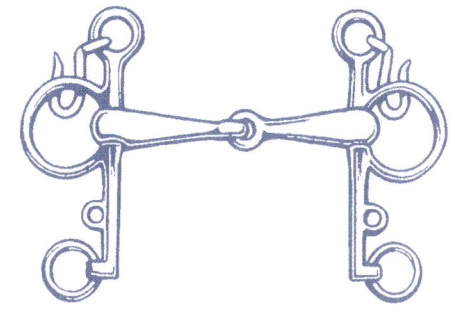

Pelhamtrense mit gebrochenem Mundstück und Kinnkette.
Im Gegensatz zu den Vorzügen der Pelhamkandare mit ungebrochener Mundstange hat dieses Gebiss vorwiegend negative Auswirkungen auf das Pferdemaul. Mit vier Zügeln erhöht sich die Klemmwirkung auf den Unterkiefer des Pferdes, mit zwei Zügeln und Verbindungsriemchen werden die Zügelhilfen so ungenau, dass sie vom Pferd kaum noch gedeutet werden können, etwa wenn bei einseitiger Zügelverkürzung ein Kandarenschenkel nach hinten dreht und der andere mit längerem Zügel nach vorn kippt, weil das Gelenk des Mundstücks die gegenläufige Drehung ermöglicht.

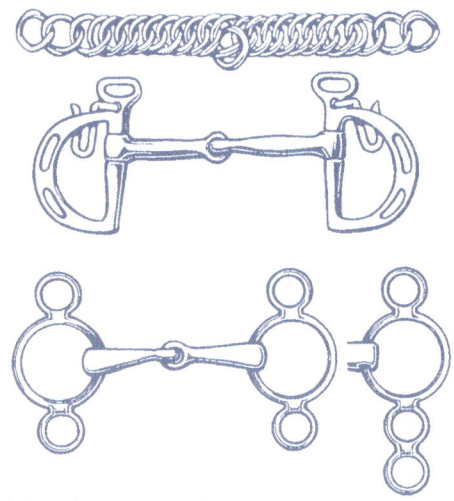

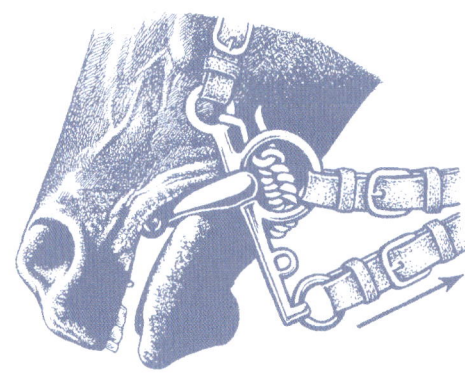

Zugwirkung auf die Pelhamtrense.

Oben: Bei Straffung der oberen Zügel entsteht der gleiche Klemmeffekt auf den Unterkiefer wie bei der Grundform der Trense. Die Kinnkette bleibt locker, keine Hebelwirkung.

Unten: Bei Straffung der unteren Zügel setzt die Hebelwirkung der Kandare ein, die Kinnkette spannt sich und der Klemmeffekt auf den Unterkiefer steigert sich. Das Pelham mit gebrochenem Mundstück und Hebelwirkung ist weder für das Pferdemaul noch für die Zügelführung empfehlenswert, schon gar nicht mit Verbindungsriemchen und einem Zügelpaar.

Gebrochene Springkandaren.

Oben: »Springkandare« mit gebrochenem Mundstück und Kinnkette. Wenn die Zügel im unteren Bereich der Halbringe ansetzen, entsteht bei Zügelstraffung eine leichte Hebelwirkung, die den Klemmeffekt auf den Unterkiefer verstärkt. Bei Zügelansatz auf Höhe des Mundstücks ergibt sich etwa die Zugwirkung einer Trense, sofern die Kinnkette entfällt. Mit Hebelwirkung und Kinnkette ist das gebrochene Mundstück nicht empfehlenswert.

Unten: Wiener »Springkandare« mit gebrochenem Metallmundstück. Dieses Gebiss sollte besser nur als Trense ohne Kinnkette Verwendung finden, wobei die Zügel in die großen Ringe eingeschnallt sind. So wird ein verstärkter Klemmeffekt durch Hebelwirkung vermieden.

Faustregel für Trensen mit Hebelwirkung

● *Gebrochene Trensen mit Hebelwirkung und Kinnkette üben verstärkte Klemmwirkung auf den Unterkiefer aus, fügen dem Pferdemaul Schmerzen zu und verhindern exakte Zügelhilfen. Für dressurmäßige Anwendung strikt abzulehnen.*

Hilfszügel

Bei reiterlicher Anwendung, also vom Sattel aus bedient, sind Hilfszügel zumeist ein Eingeständnis reiterlichen Unvermögens. Hilfszügel sind zusätzlich zur Grundzäumung verschnallte Riemen aus Leder oder anderem Material mit unterschiedlicher, meist mechanischer Zugwirkung auf das Pferdemaul. Sie begrenzen vertikale und horizontale Kopfbewegungen des Pferdes und können erheblichen Zwang ausüben. Grundsätzlich gesehen behindern sie eine feinfühlige und differenzierte Zügelführung, bei harter Zügelfaust und zwingender Verschnallung vergröbern und verschärfen sie die Zügelhilfen. Nachfolgend finden jene Hilfszügel Erwähnung, die verbreitet angewendet werden und mit denen zum Leidwesen des Pferdes der häufigste Missbrauch betrieben wird, sowohl in Unkenntnis ihrer Wirkung als auch mit vorsätzlichem Wissen.

Von wenigen Ausnahmen abgesehen, die dem versierten Ausbilder vorbehalten sein müssen, sollte der Reiter auf zwingende Hilfszügel verzichten, weil er sie meist nicht zu bedienen weiß und durch sachkundige Reitausbildung besser und leichter zum Ziel gelangt. Auch der Könner lehnt Hilfszügel zumeist ab, weil er ihrer aufgrund seiner reiterlichen Fähigkeiten nicht bedarf. Reiterliches Unvermögen beispielsweise durch Schlaufzügel ersetzen zu wollen kann dem Pferd auf Dauer gesundheitliche Schäden zufügen, weil sich extremer Zwang auf den ganzen Körper auswirkt. Falsch angewendete Schlaufzügel führen zu Verspannung und Verkrampfung des gesamten Tragapparates und verhindern eine Versammlung in Losgelassenheit und Durchlässigkeit. Wenn überhaupt, sollten Hilfszügel nur kurzfristig und vorübergehend zur Korrektur, keinesfalls jedoch mit Zwangseinwirkung eingesetzt werden.

Hilfszügel, die mit dem Pferdemaul verbunden sind, erzeugen beim Aufwerfen des Pferdekopfes einen harten Ruck auf Zunge und Laden. Hilfszügel, die mit dem Nasenriemen verbunden sind, wirken auf das weniger empfindliche Nasenbein.

Das gleitende Ringmartingal, auch Sprungzügel genannt, ist eine englische Erfindung, die das Aufwerfen des Pferdekopfes während der Reitjagd und beim Springen begrenzen soll. Die zumeist sinnlose Anwendung des Hilfszügels bei jeder Gelegenheit ist hierzulande weit verbreitet und beruht vorwiegend auf Unkenntnis seiner oftmals eher schädlichen Wirkung.

Bei normaler Kopfhaltung und gerade anstehenden Zügeln soll das Martingal in leichten Bögen durchhängen, ihre Länge richtet sich nach der natürlichen Kopf-Hals-Haltung des Pferdes (langer oder kurzer, tief oder hoch angesetzter Hals). Keinesfalls dürfen die anstehenden Trensenzügel durch zu kurze Schnallung des Matingals geknickt werden und damit Zugwirkung nach unten auf das Pferdemaul ausüben, um eine Beizäumung zu erzwingen. Die Folge wäre auf Dauer die Abstumpfung und Verhärtung des Pferdemaules sowie eine Verspannung oder Verkrampfung der Hals-Rücken-Muskulatur, die den Pferderücken verhärten. In der Dressurausbildung hat das Martingal, das lediglich für Ausnahmesituationen vor allem während der Reitjagd gedacht ist, nichts zu suchen, weil es keine Funktion erfüllen kann. Und auch beim Springen ist die Wirkung fraglich, weil es das Schlagen des Pferdekopfes bestenfalls begrenzt, aber nicht verhindert.

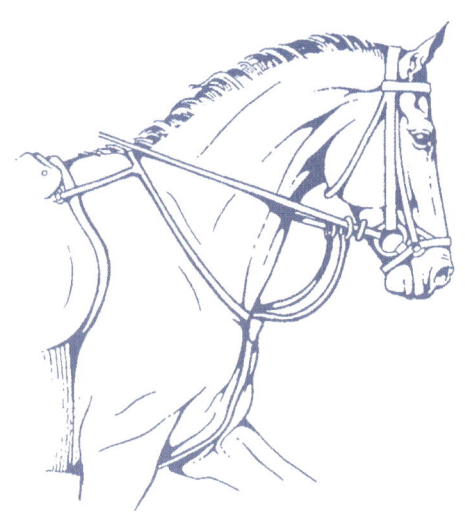

Martingal. Die in Bogen durchhängenden Gabelriemen müssen so lang sein, dass sie in gestrecktem Zustand bei natürlicher Kopfhaltung etwa Augenhöhe erreichen.

Zwingende Schlaufzügel werden vornehmlich im Turniersport in gedankenloser Weise missbraucht, um reiterliches Unvermögen zu vertuschen, Versammlung vorzutäuschen und das Pferd in eine widernatürliche Form zu pressen. Die unangemessene Bedienung der Schlaufzügel erfüllt den Tatbestand der Tierquälerei. Das umstrittene Erbe des Herzogs von Newcastle, dem man die Erfindung der Schlaufzügel zuschreibt, wird von erfahrenen Ausbildern entweder abgelehnt oder nur in Ausnahmefällen akzeptiert.

Schlaufzügel bestehen aus zwei 2,75 Meter langen Riemen, die vom Sattelgurt unter der Brust des Pferdes zwischen den Vorderbeinen hindurch aufwärts von innen nach außen durch die Trensenringe in die Zügelhände führen. Um den Reibungswiderstand bei Streckbewegung des Pferdekopfes gering zu halten, müssen die Riemen mit ihren glatten Seiten in den Trensenringen hin- und hergleiten. Schlaufzügel sollen Pferde mit schwacher, verhärteter oder anatomisch ungünstiger Rücken- und Halsmuskulatur ohne Gewaltanwendung (!) zur Dehnung und

Zu kurz geschnalltes Martingal. Die Trensenzügel sind geknickt (Pfeil), grobe bis schmerzende Einwirkung auf das Pferdemaul, um Beizäumung zu erzwingen.

Streckung nach vorwärts-abwärts verlocken und damit eine Stabilisierung des Spannungsbogens bewirken. Als Gegenkraft zur Schlaufzügelwirkung muss der Schub aus der untergesetzten Hinterhand durch vortreibende Hilfen besonders energisch erfolgen, um ein Überwiegen der einfangenden Zügelwirkung zu vermeiden, die stets nur erheblich schwächer sein darf als vortreibende Hilfen. Das seitliche Einschnallen der unteren Schlaufzügelenden unter dem Sattelblatt ist abzulehnen, weil es den Streckvorgang der Kopf-Hals-Partie in die Tiefe erschwert.

Schlaufzügel sollen schwache Rücken- und Oberhalsmuskulatur über einen längeren Zeitraum allmählich entwickeln und kräftigen und dürfen immer nur so behutsam wie möglich, grundsätzlich befristet, jeweils wenige Minuten und nur einseitig im Wechsel als sanfte Unterstützung der normalen Zügelhilfen eingesetzt werden. Sobald die nicht erzwungene Streckung vorwärts-abwärts erreicht ist, müssen die Schlaufzügel entfallen. Ständiger Gebrauch der Schlaufzügel quält und verdirbt ein Pferd nachhaltig, schadet ihm physisch und psychisch und fordert auf Dauer Verhärtung und Widersetzlichkeit heraus.

Für das Longieren hingegen können Schlaufzügel rückhaltlos empfohlen werden, weil sie die unnachgiebige Starrheit der Ausbindezügel durch nachgiebige Elastizität ersetzen. Sie erlauben dem Pferd jederzeit sowohl die Halsdehnung nach unten als auch die Zügelanlehnung nach eigenem Bedürfnis. Es kann den Kopf nach eigener Wahl in beliebiger Höhe tragen und seine Haltung selbsttätig regulieren, so dass eine Verspannung der Hals- und Rückenmuskulatur durch jederzeit mögliche Dehnungshaltung vermieden wird.

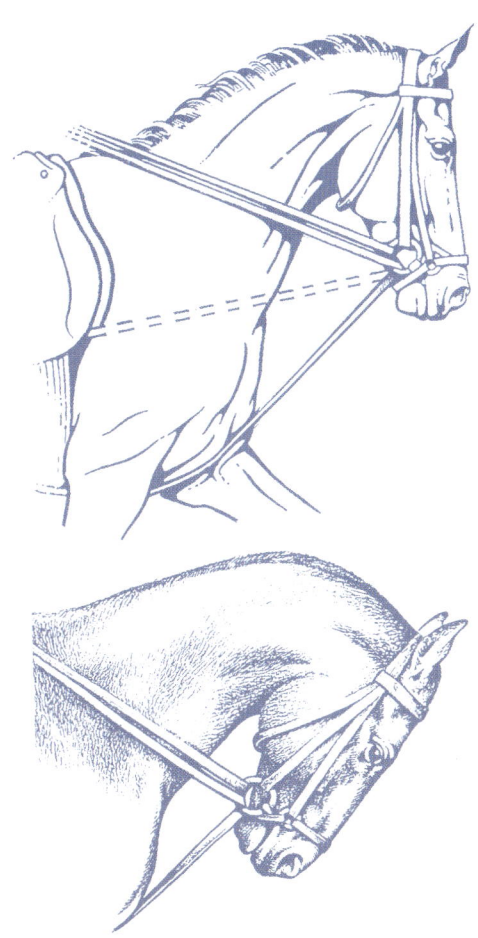

Schlaufzügel.

Oben: Korrekter Verlauf des Schlaufzügels von der Unterbrust durch den Trensenring von innen nach außen parallel zum Trensenzügel in die Zügelhand. Die Verschnallung unter dem Sattelblatt (gestrichelt) erschwert die Dehnungshaltung, verstärkt die Zwangswirkung und ist deshalb abzulehnen.

Unten: Missbrauch des Schlaufzügels. »Heruntergeriegelter« Pferdekopf, der Hals ist aufgerollt und zeigt den falschen Knick, das Pferdemaul ist schmerzhaft in Mitleidenschaft gezogen.

Missbrauch des Schlaufzügels.
Eine mit dem Schlaufzügel erzwungene, rückwärts wirkende Beizäumung hinter der Senkrechten stört das Gleichgewicht von Pferd und Reiter und verhindert Versammlung und Aufrichtung. Der extrem verengte Hals zeigt den falschen Knick, die Hinterhand setzt nicht unter den Rumpf, um vermehrt Gewicht aufzunehmen. Reiterlast und Eigengewicht des Pferdes stoßen übermäßig auf die Vorhand. Das Pferd wehrt sich schweifschlagend gegen den zu hoch und zeitlich zu spät angesetzten Sporenstich, der abwärts in den bremsenden Schlaufzügel treibt. Grob vorwärtstreibende stehen gegen verhaltende Hilfen und wirken gegeneinander statt miteinander, der Schwung ist dem Pferd genommen, es »läuft in den Boden«.

Der für reiterlichen Gebrauch zu Recht verpönte Schlaufzügel leistet hingegen beim Longieren vortreffliche Dienste. Das Pferd kann seine Kopf-Hals-Haltung selbst bestimmen und in der Dehnungshaltung selbsttätig den Weg in die Tiefe suchen. Die Schlaufzügel werden bei natürlicher Kopfhaltung des Pferdes so lang geschnallt, dass der Hals nicht eingeengt wird und die Profillinie vor der Senkrechten bleibt. Die Longe wird grundsätzlich am Kappzaum eingeschnallt und keinesfalls am Trensenring, damit das Pferd nicht im Maul gestört wird und die Riemen ungehindert durch die Trensenzügel gleiten können, ohne dass ein Gegenzug durch die Longe entsteht. Die Schlaufzügel führen von der Unterbrust des Pferdes zwischen den Vorderbeinen hindurch von innen nach außen durch die Trensenringe zu den Strippen des Sattelgurtes oder in gleicher Höhe zum Longiergurt.

Das Pferd reguliert die Zügelanlehnung selbst, deshalb genügt der einfache Trensenzaum, der über den Kappzaum geschnallt wird, damit das Trensenmundstück locker zu freier Kaubewegung im Maul liegt. Das Pferd soll keinerlei Zwang im Maul verspüren, deshalb ist ein Reithalfter überflüssig und eher schädlich, weil es die Maulöffnung einschränkt. Schnallt man die Schlaufzügel (statt an der Unterbrust zwischen den Vorderbeinen) beiderseits am Longiergurt ein, ergibt sich für das junge Pferd eine präzisere Führung (ähnlich wie mit Ausbindezügeln), die gleichwohl mehr Freiraum gewährt als Ausbindezügel und diesen daher vorzuziehen ist. Als »Dreieckszügel« verschnallt (alle vier Schlaufzügelenden am Longiergurt eingehakt) ist die Halsdehnung abwärts eingeschränkt.

Schlaufzügel ermöglichen der Kopf-Hals-Partie beim Longieren,
Haltung und Streckung selbst zu bestimmen, weil die Trensenringe
stufenlos auf- und abgleiten können. Siehe auch »Kappzaum«,
Longieren mit Schlaufzügeln (Abbildung), Seite 36.

Korrekte, nahezu waagerechte Verschnallung der Ausbindezügel. Der Pferdehals ist nicht eingeengt, die Profillinie des Pferdekopfes bleibt vor der Senkrechten. Ausbindezügel ohne elastische Gummiringe vermitteln dem Pferdemaul einen stabileren Endpunkt der Anlehnung.

Eine zwangfreie Methode seitwärtiger Gymnastizierung der Halsmuskulatur des Pferdes (anstatt Herumziehen des Pferdekopfes mit dem Zügel) ist das Füttern von Leckerbissen vom Sattel aus bei erkennbar gutem Willen des Pferdes und nach Ausführung einer geforderten Aufgabe als Belohnung. Der Reiter beugt sich herab, hält die fütternde Hand (links und rechts abwechselnd) dicht am Steigbügel, lässt die Belohnung von den Pferdelippen greifen und begleitet mit der Stimme. Die Hand muss so tief wie möglich gehalten werden, damit das Pferd die Kopf-Hals-Partie weit nach hinten-unten streckt und die Rückenpartie sich gleichzeitig aufwölbt. Beim Füttern mit hoch gehaltener Hand reckt sich der Pferdekopf nach oben, die Wirbelsäule »hängt durch« und die gewollte extreme Längsbiegung des Pferdehalses zur Seite findet nicht statt. Hält das Pferd beim Reiten selbsttätig inne und bettelt um Leckerbissen, muss energisch vorwärts getrieben werden. Den Zeitpunkt der Belohnung bestimmt stets der Reiter.

Ausbindezügeln kann ein gewisser Nutzeffekt nicht abgesprochen werden, etwa bei der Arbeit an der Hand, mit Einschränkung beim Longieren und beim Anfängerunterricht auf Schulpferden. Gleichwohl üben sie mehr oder weniger Zwang aus, der die Nacken-Hals-Muskulatur verspannen kann. Beim Longieren führt das wechselnde Auffußen der Vordergliedmaßen, deren Oberarmbereichen die Ausbindezügel anliegen, zu Riegelbewegungen im Pferdemaul, die Laden und Zunge in Mitleidenschaft ziehen können.

Ausbindezügel werden zumeist paarweise eingesetzt, um die Beizäumung zu stabilisieren. In Riemenmitte eingenähte, dehnbare Gummiringe sorgen für etwas Elastizität der ansonsten unnachgiebigen Riemen, die mit Karabinerhaken an den Trensenringen eingehakt und mit verstellbaren Schnallen am Sattel- oder Longiergurt befestigt werden. Ausbinder finden Anwendung beim Longieren und in der Arbeit an der Hand, um die Anlehnung der Reiterhand zu ersetzen, beim Voltigieren, damit das Pferd ruhig am Zügel steht und gleichmäßig im Rücken schwingt, und vorübergehend im Reitunterricht für Anfänger, um das Pferd durch gesenkte Kopfhaltung ruhig zu halten. Die Ausbindezügel verlaufen beiderseits von den Trensenringen zum Sattel- oder Longiergurt. Hier sollen sie so hoch verschnallt sein, dass sie in natürlicher, unbeeinflusster Kopf-Hals-Haltung des Pferdes, deren Stirnlinie vor der Senkrechten bleibt, annähernd eine Waagerechte bilden. Kürzeres Ausbinden führt namentlich bei jungen Pferden zur Verkrampfung der Halsmuskulatur.

Die Anwendung nur eines Ausbindezügels als Stoßzügel, der am Nasenriemen des Englischen Reithalfters oder Kappzaumes eingeschnallt wird, hat sanftere Wirkung, weil er bei reiterlichem Gebrauch dem Pferdekopf seitliche Drehungen erlaubt, die Zügelhilfen am Gebiss nicht beeinflusst und nur auf das Nasenbein wirkt, gleichwohl aber das Hochnehmen des Pferdekopfes begrenzt. Beim Longieren mit zwei Ausbindezügeln wird der innere Riemen zwei Loch enger geschnallt als der äußere, um für das Pferd die Kreisform zu betonen. Häufigster Fehler ist die zu kurze Verschnallung der Hilfszügel, die das Pferdemaul durch Riegeln während des Ganges abstumpft und die Halsmuskulatur verkrampft. Um das Pferdemaul zu schonen, sollte die Longe niemals am Trensenring, sondern am Kappzaum eingeschnallt werden. Beim Longieren leisten Schlaufzügel zumeist bessere Dienste als Ausbindezügel, weil sie dem Pferd selbsttätige Kopf-Hals-Haltung und Halsstreckung ermöglichen (siehe Schlaufzügel, Seite 105).

Junge Pferde, die noch nicht geritten sind und erstmalig mit dem Longieren vertraut gemacht werden, sollten anfangs ohne Trense und Ausbindezügel nur an Longe und Kappzaum auf dem Zirkel laufen, damit sie die Kopf-Hals-Partie ohne Einengung frei tragen können und nicht von Anbeginn Zwang empfinden und in Panik geraten. Sodann werden sie an das Trensenmundstück ohne Ausbindezügel gewöhnt, die erst später lang eingeschnallt werden, so dass der Hals nicht eingeengt wird und der Pferdekopf vor der Senkrechten bleibt.

Wird die Longe am Trensenring eingehakt, erleidet das Pferd von Anbeginn Maulschmerz, der verdeckten Widerstand auslösen kann.

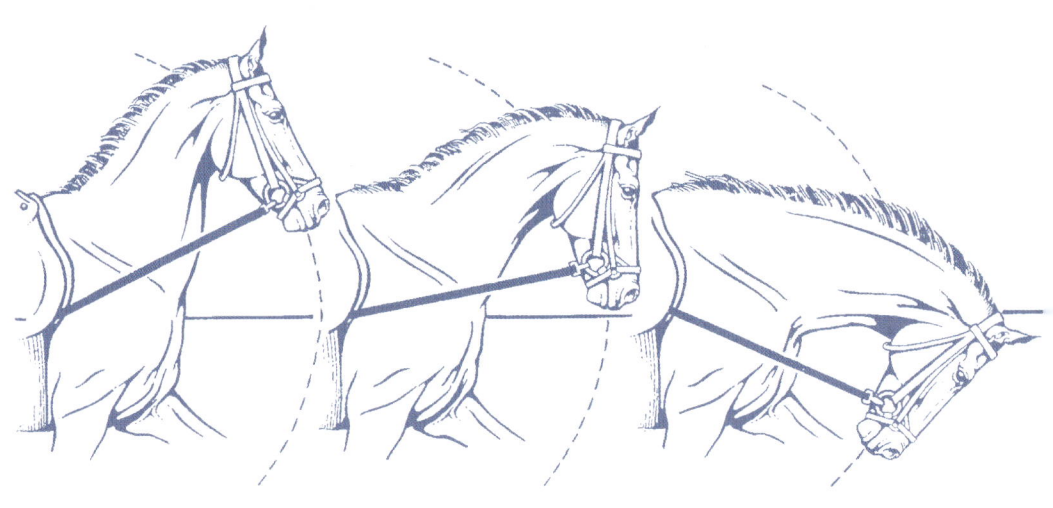

Bewegungsradius des Ausbindezügels. Eine Dehnung des Halses oder Strecken der Kopf-Hals-Partie ist nicht möglich. Zum Longieren ist in den meisten Fällen der Schlaufzügel vorzuziehen, der dem Pferd die Halsdehnung abwärts ermöglicht (siehe Schlaufzügel).

Longieren mit Ausbindezügeln.

Linke Seite unten: Vortreibende Peitschenhilfen, die bereits mit Anheben der Peitsche einsetzen, erfolgen unauffällig aus dem Handgelenk ohne sichtbare Armbewegung. Das Pferd soll die Peitsche lediglich als verlängerten Arm des Ausbilders betrachten, der dezente Hinweise gibt, und nicht als Prügelinstrument, vor dem es fliehen muss. Der Longenführer dreht sich bewegungsarm, aufrecht und statuesk nahezu auf der Stelle, um auch durch ein autoritäres Erscheinungsbild den Anspruch des »ranghöchsten Artgenossen« zu demonstrieren. Ein Vorwärtsstürmen des Pferdes wird zunächst ohne Rüge hingenommen und allmählich mit der Stimme und durch sanfte Paraden herabgedämpft, bis es beruhigt und gleichmäßig in die gewünschte Gangart fällt. Die Longe wird immer in den Kappzaum eingehakt.

Unten: Unmittelbar auf stimmliche Kommandos des Longenführers folgen – falls diese nicht befolgt werden – kurze, präzise und einfühlsame Paraden der Longenhand, um der Stimme Nachdruck zu verleihen, wobei der Kappzaum das Pferdemaul verschont. Leichtes Schütteln der Longe in Schlangenlinien verhindert, dass das Pferd den Hufschlag verlässt und zur Zirkelmitte drängt. Aus dem Wildleben ist im Erbgedächtnis die Furcht vor Schlangen gespeichert, die das Pferd unbewusst projiziert und instinktiv nach außen ausweichen lässt. Unterarm und longenführende Hand, die die Paraden gibt, zeigen in gerader Linie auf das Pferdemaul. Die Peitschenspitze nimmt optisch eine neutrale Haltung ein, wenn sie auf »die Luft unter dem Pferdebauch weist«, und übt treibende Wirkung aus, wenn sie auf die Fesselgelenke der Hintergliedmaßen zeigt.

Zügelführung des Übergangs

Die Pelhamkandare ohne Zungenfreiheit – auch Polokandare genannt – vereint die direkte Druckwirkung der ungebrochenen Stangentrense mit der indirekten Hebelwirkung der Kandare. Unterlegtrense und Kandare der klassischen Dressurzäumung sind zu einer Mundstange verschmolzen, die im Pferdemaul weniger Raum einnimmt und die Zügelführung vereinfacht. Die Pelhamkandare wird grundsätzlich mit zwei Zügelpaaren bedient: Eines hat Trensenwirkung, das andere Kandarenwirkung.

Das in die oberen, großen Zügelringe eingeschnallte Zügelpaar überträgt die Zugkraft der Zügelhände direkt auf die Pferdezunge, weil die Zügel, wie bei der Trense, in Höhe der Mundstange ansetzen. Das untere, am Ende der Unterbäume eingeschnallte Zügelpaar setzt bei Zügelstraffung im Einklang mit der Kinnkette die Hebelwirkung in Gang. Beide Zügelpaare übertragen ihre Zugkraft auf dieselbe Mundstange, im Gegensatz zur Kandarenzäumung, wo der Druck auf Unterlegtrense und Kandare wechselseitig verteilt wird. Das obere Zügelpaar mit Trensenwirkung übernimmt den weitaus größten Anteil der Zügelhilfen, während das Kandaren-Zügelpaar nur unterstützend und ergänzend eingreift. Aufgrund ihrer Dominanz verlaufen die Trensenzügel unterhalb der kleinen Finger, die Kandarenzügel zwischen kleinen und Ringfingern durch die Reiterhand. Die starre, ungebrochene Mundstange lässt keine Lenkhilfen wie die bewegliche, gebrochene Trense zu. Das obere Zügelpaar wird in steter Anlehnung gehalten, das untere ver-

Bevor dem Pferd Hebelmundstücke aufgelegt werden, muss es eine ausführliche dressurmäßige Grundausbildung mit einfacher Trense erfahren haben.

hält sich eher nachgebend, keinesfalls aber durchhängend und darf niemals abrupt angezogen werden, weil sofort die Hebelwirkung einsetzt. Die Kandarenzügel sorgen für Beizäumung, die Trensenzügel stabilisieren die Höhe der Kopfhaltung. Insgesamt übt die Pelhamkandare eine mildere, aber auch weniger differenzierte Wirkung auf das Pferdemaul aus als Dressurkandare und Unterlegtrense.

Die Pelhamkandare mit vier Zügeln erlaubt dem fortgeschrittenen Reiter mit geschulter

In der Barockzeit zäumte man für die Zügelführung des Übergangs die Kandare zunächst mit zwei Zügelpaaren, wobei vorwiegend das obere Zügelpaar ohne Hebelwirkung bedient wurde, um das Pferdemaul zu schonen. Später wurde aus dieser Kombination die Pelhamkandare entwickelt. (Kupferstich: J. E. Ridinger)

Zügelhand eine maulfreundliche und präzise Zügelführung und eignet sich während der reiterlichen Ausbildung besonders gut für den Übergang von der Trensenführung zur Kandarenführung. Der Reiter lernt den Umgang mit vier Zügeln. Die Pelhamkandare wird mit Englischem Reithalfter gezäumt, um die Kaubewegung zu begrenzen. Ohne Reithalfter zeigen manche Pferde die Neigung, das Ende eines Unterbaumes mit den Lippen ins Maul zu ziehen und damit zu spielen.

Die Ausrüstung der Pelhamkandare mit Verbindungsriemchen (vom Trensenring zum Kandarenring) und nur einem Zügelpaar ist ein Zugeständnis an einhändige Zügelführung, beispielsweise des Polospielers und des Gardians (Camargue), die mit der anderen Hand Schläger und Lanze bedienen müssen. Bei Zügelführung mit zwei Zügeln freilich, die aufgrund der Verbindungsriemchen unkontrollierte Zugkräfte auf das Pferdemaul ausüben, sind die Vorzüge der Pelhamkandare aufgehoben und die Nachteile überwiegen. Die Zügelhilfen übertragen sich ungenau, die Hebelwirkung ist fast ausgeschaltet, die Hilfen lassen sich nicht fein dosieren. Die in die Verbindungsriemchen eingeschnallten Zügel gleiten nicht flüssig und bestimmbar auf und ab, weil Leder auf Leder trifft. Die Zügelhand kann die Ansatzpunkte der Zügel kaum beeinflussen, ein Zügel kann im oberen Bereich des Verbindungsriemchens haften bleiben, der andere nach unten rutschen. Die Druckpunkte im Pferdemaul sind ungleich, die schiefe Druckwirkung der Mundstange verwirrt und irritiert das Pferd und ruft ungewollte Reaktionen hervor. Für dressurmäßige Ausbildung ist diese Zäumung absolut ungeeignet.

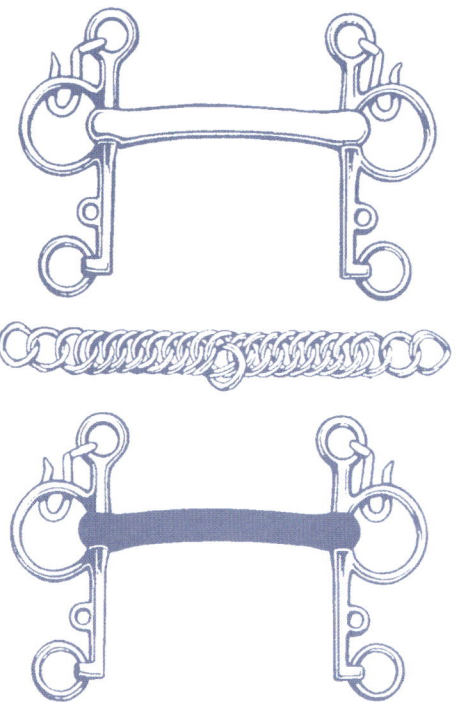

Pelhamkandaren (Polokandaren) mit ungebrochener Mundstange, drehbaren Schenkeln und Kinnkette. Die beweglichen Scharniere müssen ständig auf Ausleierung und Gratbildung überprüft werden, um die Maulwinkel vor Einklemmungen und Verletzungen zu bewahren. Mundstangen aus Metall oder Kunststoff mit Metallseele sind angenehmer für das Pferdemaul und deshalb vorzuziehen. Hart- und Weichgummi *(unten)* kann bei ungenügender Einspeichelung oder gar Trockenheit im Pferdemaul einen schmerzhaften Radiereffekt auslösen. Weichgummi mit Metallseele hat sich bei ausreichendem Speichelfluss als Korrekturgebiss für abgestumpfte und verletzte Pferdemäuler bewährt.

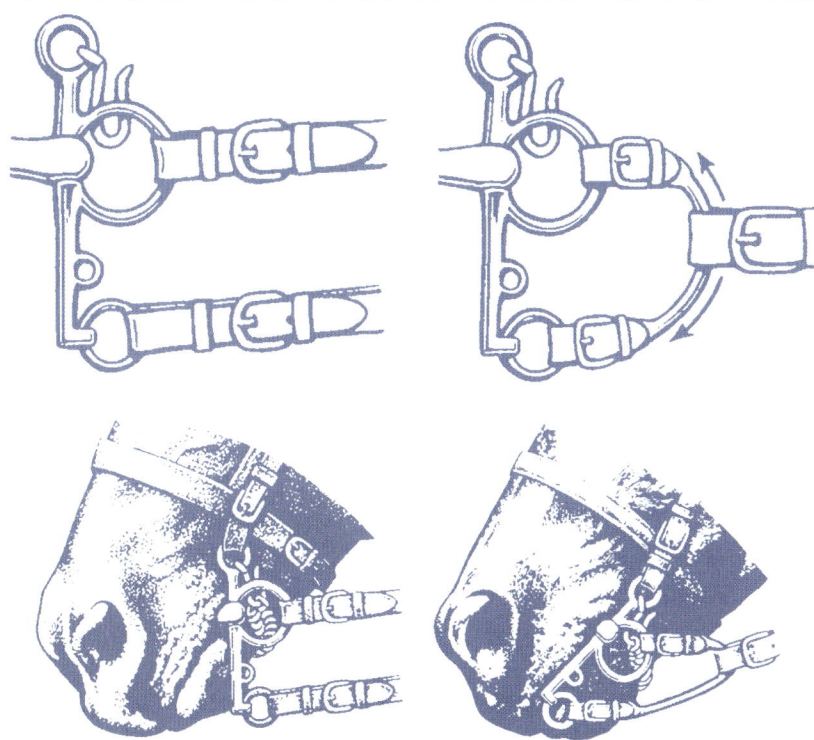

Oben: Pelhamkandaren werden grundsätzlich mit zwei Zügelpaaren, also vier Zügeln gezäumt *(links)*, damit die positiven Eigenschaften ausgewogener Zügelführung voll zur Geltung kommen. Das in die oberen, großen Zügelringe eingeschnallte Zügelpaar hat direkte »Stangentrensen-Zugwirkung«, das in die unteren, kleinen Zügelringe eingeschnallte »Kandaren-Hebelwirkung«. Die Verwendung nur eines Zügelpaares, also von zwei Zügeln mit Verbindungsriemchen *(rechts)*, hat eine ungenaue Zügelführung zur Folge. Die Hebelwirkung ist nahezu aufgehoben, dem Reiter ist die Kontrolle über präzise, fein dosierte Zügelhilfen genommen. Für dressurreiterliche Ausbildung ungeeignet.

Unten: Korrekte Verschnallung der Pelhamkandare mit Englischem Reithalfter *(links)*. Da die Unterlegtrense entfällt, deren Ringe sich verfangen könnten, weisen die Spitzen der Kinnkettenhaken – im Gegensatz zur Dressurkandare – nach oben und sind wie die der Dressurkandare auswärts gebogen. So können sie sich, trotz der kurzen Pelham-Oberbäume, nicht in die Maulwinkel bohren. Verbindungsriemchen mit einem Zügelpaar *(rechts)* können die Zügelhilfen verfälschen, weil sich die Ansatzpunkte beider Zügel gegenläufig verschieben und beiderseits unterschiedliche Druckpunkte im Pferdemaul auslösen. Präzise, differenzierte, gezielte Zügelhilfen in dressurmäßigem Sinn sind kaum möglich.

Die Pelhamkandare ist als Übergangslösung von der Trensen-Zügelführung auf die Dressurkandare mit zwei Zügelpaaren von Nutzen, und zwar für fortgeschrittene Reiter mit zügelunabhängigem Sitz, die Lenkhilfen über Sitz und Schenkel beherrschen. Für den Anfang ist zur Gewöhnung die beidhändige Zügelführung drei zu eins (drei Zügel linke Hand, ein Zügel rechte Hand) im Wechsel mit der einhändigen Zügelführung (vier Zügel in der linken Hand) empfehlenswert, um eine gleichmäßige Zügelanlehnung und Gewichtshilfen zu verfeinern. Später, wenn sich Feingefühl für die beidseitig gleichmäßige Zügelanlehnung eingestellt hat, kann die Zügelführung zwei zu zwei (symmetrische Zügelteilung auf beide Hände) eingeübt werden.

Für die Einübung des Damensitzes (hier bereits mit Dressurkandare) kann die einfachere Pelhamkandare mit vier Zügeln eine Einstiegshilfe sein.

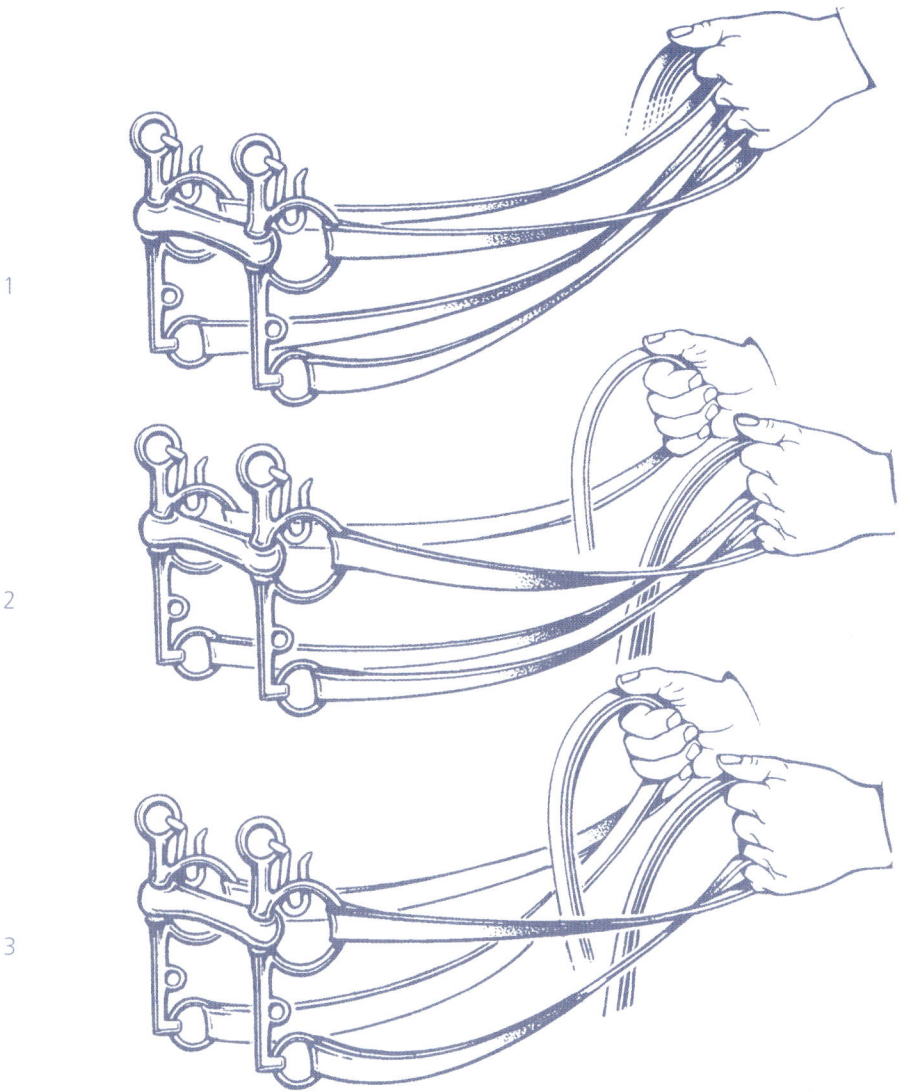

Zügelführung mit Pelhamkandare.

① Einhändige Zügelführung. Übung für ruhige Handhaltung und gleichmäßige Zügelanlehnung, auf Lenkhilfen muss verzichtet werden.

② Zügelführung »3:1«. Der rechte »Trensenzügel« liegt in der rechten Hand, beide »Kandarenzügel« liegen vorerst locker in der linken Hand, um der Versuchung zu widerstehen, mit diesen zu lenken.

Beiderseits gleichmäßige Anlehnung der »Trensenzügel«.

③ Zügelführung »2:2«. Je ein »Trensenzügel« und ein »Kandarenzügel« liegt in jeder Hand. Erfordert feines Handgefühl für gleichmäßige Zügelanlehnung, ohne versehentlich in Lenkhilfen zu verfallen und die Mundstange zu verkanten.

In flüchtigem Galopp, mit hoch erhobenem Kopf und vibrierenden Nüstern eilte der wilde Urahn des Wüstenarabers einst durch die Wüstensteppe, um ferne Wasserquellen aufzuspüren, die das Überleben sicherten. Die natürlich gewachsene, hohe Kopf-Hals-Haltung des Wüstenpferdes war eine Anpassung an wasserarme Lebensräume, die erlaubte, in weitem Umkreis und auf weite Entfernung lebensrettende Witterung aufzunehmen.

Mit der Domestizierung ergab sich für den Reiter die Schwierigkeit, das Wüstenpferd über die Zügelführung beherrschbar zu machen. Die für die Fernwitterung optimale, für reiterliche Zügelführung aber hinderliche hohe Kopf-Hals-Haltung erforderte eine ausgleichende Zäumung, die den Pferdekopf senkte und den Ansatzpunkt für Zügelhilfen tiefer legte. Eine Legende überliefert, dass Wüstenbeduinen die Kandare erfunden haben sollen, um den Pferdekopf mit langen Hebelanzügen in tiefere Position zu bringen und den Wüstenrenner im Reiterkampf wirksamer parieren zu können. Ob diese Überlieferung wissenschaftlicher Nachforschung standhält, mag dahingestellt sein, doch sie erscheint logisch. In Zentralasien, wo der domestizierte Ponytyp des Przewalskipferdes mit tief angesetztem, waagerecht getragenem Hals und tiefer Kopfhaltung vorherrschte, (z. B. Mongolen- oder Chinapony), wäre Kandarenzäumung sinnlos gewesen. Hier erfüllte die hebellose Trense ihren Zweck.

Nach sachkundiger Dressurausbildung hat der Reiter verinnerlicht, dass Rücken und Hinterhand des Pferdes – als überwiegend tragende Elemente für das zusätzliche, von der Natur nicht vorgesehene Reitergewicht – zur Gesunderhaltung des Pferdes immerfort gymnastiziert und gekräftigt werden müssen, sowohl an der Hand als auch unter dem Reiter durch fleißig vortreibende Hilfengebung in verschiedenen Lektionen. Und er hat gelernt, dass Zügelhilfen sekundär eingesetzt werden, um die primär vortreibenden Körperhilfen einzufangen und zu regulieren, zu begleiten und zu unterstreichen, andernfalls verlieren Zügelhilfen ihren Sinn. Zudem weiß er, dass maulschonende Zügelführung nur gelingt, wenn der Reiter ausbalanciert und schwerpunktrichtig im Sattel sitzt und die Zügel unabhängig vom Sitz bedient, ohne an ihnen Halt zu suchen und das Pferd im Maul zu stören, oder gar den Pferdekopf hinter die Senkrechte zu riegeln, den Pferdehals einzuengen und zu verkrampfen und damit das Pferd seiner Balancierstange zu berauben, mit deren Hilfe es das gemeinsame Gleichgewicht auslotet. Diese reiterlichen Voraussetzungen gelten für alle Reitweisen, weil sie unverzichtbare Bedürfnisse des Pferdes erfüllen, wenn es die Reiterlast auf Dauer ohne gesundheitliche Schäden tragen soll.

Fortgeschrittene reiterliche Fähigkeiten müssen in besonderem Maße für Reiter gelten, die sich berufen fühlen, beide Zügelpaare der Dressurkandare aufzunehmen. Zügelführung mit Kandare und Unterlegtrense verlangt einen erfahrenen Reiter mit einfühlsamer Zügelhand und ein Pferd in weit fortgeschrittenem Ausbildungsstadium. Nur ein Pferd, das mit Trensenzäumung vorbereitet ist und bereits erhebliche Fortschritte in versammelnden Lektionen erreicht hat, das in Seitengängen und beiderseitiger Längsbiegung gymnastiziert ist und die natürliche Schiefe überwunden hat, das auf Gewichtshilfen reagiert und ohne Zügelhilfen Wendungen vollführt, kann als kandarenreif bezeichnet werden.

Die Levade ist augenfälligster Ausdruck und deutlichste Verkörperung der sitzunabhängigen Zügelführung im Gleichgewicht.

Gleichgewichtsfindung im Schwerpunkt. Formgebende Hilfe (der Vorwärts-schub zielt aufwärts) ohne Zügelanlehnung in der Piaffe, die Hinterhand wird zu vermehrter Gewichtsaufnahme veranlasst. Als Folge der korrigierenden Hilfe verstärkte Aufrichtung der Kopf-Hals-Partie, die Kruppe senkt sich, das Pferd bewahrt Selbsthaltung auch ohne Zügelanlehnung und findet mit Hilfe der frei getragenen Kopf-Hals-Partie das gemeinsame Gleichgewicht.

Die blanke Kandare ohne Unterlegtrense, die man beispielsweise in Andalusien oder im Westernreiten verwendet, ist ein starres Hebelinstrument für die Gangrichtung geradeaus, das für einhändige Zügelführung und damit für gleichmäßige, beidseitige und gleichzeitige Zügelstraffung vorgesehen ist; dies gilt ebenso für jede Dressurkandare. Mit beiden Händen bedient, besteht Gefahr, dass sich das Mundstück durch ungleichen Zügelanzug im Pferdemaul verkantet und das Pferd irritiert. Die Hebelwirkung der Kandare kann weder reiterliches Unvermö-gen in der Hilfengebung ersetzen noch ein fehlerhaft gerittenes Pferd korrigieren.

Als Ausbildungs- und Korrekturzäumung ist die Kandare unbrauchbar, weil sie weitgehend unbeweglich ist und deshalb weder fein dosierte noch einseitige Zügelhilfen zulässt. Der Einsatz einer Kandare kann auch keine direkte Wirkung auf vermehrtes Untersetzen der Hinterhand und Aufwölben der Rückenmuskulatur des Pferdes ausüben, es sei denn, vortreibende Körperhilfen verstärken den Schub der Hinterhand und bilden die überwiegende Gegenkraft.

Dressurkandaren

Die klassische Kandarenzäumung besteht aus Kandarenmundstück mit Kinnkette, Backenstücken und Genickstück (mit oder ohne Kehlriemen), Stirnriemen, Unterlegtrense mit Kopfstück, Englischem Reithalfter und je einem Zügelpaar für Kandare und Unterlegtrense. Das Reithalfter begrenzt die Maulöffnung. Die Kandarenmundstange bildet den Drehpunkt, an dem die Hebel ansetzen, die beidseitig aus einem kürzeren Oberbaum und einem längeren Unterbaum bestehen. Die Oberbäume enden in einem auswärts gebogenen Ring (Kandarenauge) zum Ein-

schnallen der Backenstücke und zur Befestigung der Kinnkettenhaken. Am Ende der Unterbäume befinden sich bewegliche Zügelringe. Bei Zügelstraffung begrenzt die Kinnkette die Drehung der Mundstange und gleichzeitig das Zurückweichen der Unterbäume. Die Höhe der Aufwölbung in der Mitte der Mundstange (Zungenfreiheit), das Längenverhältnis von Ober- zu Unterbaum, die Länge der eingehakten Kinnkette und natürlich die einfühlende Zügelhand haben wesentlichen Anteil an der Schärfenwirkung der Kandare.

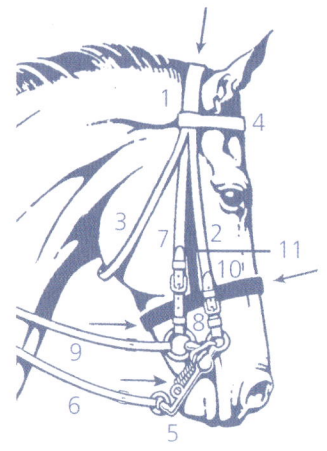

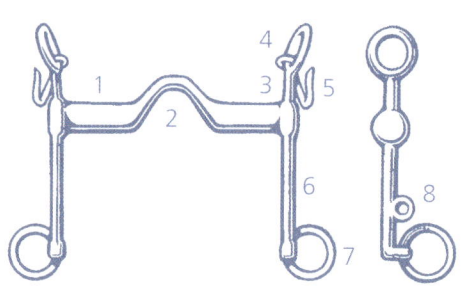

Kandarenzaum.
① Genickstück, ② Backenstücke, ③ Kehlriemen, ④ Stirnriemen, ⑤ Kandarenmundstück mit Kinnkette, ⑥ Kandarenzügel.
Trensenzaum: ⑦ Kopfstück (verläuft durch die Schlaufen des Stirnriemens unter dem Genickstück), ⑧ Unterlegtrense, ⑨ Trensenzügel.
Englisches Reithalfter (dunkel): ⑩ Nasen-Unterkieferriemen, ⑪ Kopfriemen (verläuft durch die Schlaufen des Stirnriemens unter Genickstück und Trensenkopfstück).
Die Pfeile kennzeichnen die Druckpunkte des Lederzaumes bei Zügelstraffung.

Die spanisch-barocke Kandarenzäumung verzichtet auf überflüssiges Leder, das Wund- und Scheuerstellen am Pferdekopf hervorrufen kann. Der Kehlriemen entfällt, weil er dem Zaum ohnehin keinen Halt gibt, wenn er korrekt, also angemessen locker verschnallt ist, damit der Kehlgang nicht beengt und die Atmung nicht behindert werden. Das Englische Reithalfter wird durch einen Nasen-Unterkieferriemen ersetzt, der durch Schlaufen an den Backenstücken in seiner Position gehalten wird, so dass der Kopfriemen des Reithalfters ebenfalls entfallen kann.

Einzelteile der Kandare.
① Mundstange, ② Zungenfreiheit, ③ Oberbaum, ④ Kandarenauge (zum Einschnallen der Backenstücke), ⑤ Kinnkettenhaken, ⑥ Unterbaum, ⑦ Zügelringe, ⑧ Scherriemenlöcher. An den äußeren Enden gemessen, liegt der Durchmesser der Mundstange zwischen 14 und 23 mm.

Bei Zügelanzug spannt sich der Nasen-Unterkieferriemen des Englischen Reithalfters und lässt nur eine begrenzte Maulöffnung zu. Durch die Schrägstellung der Kandarenhebel straffen sich die Backenstücke und drücken auf das Genick. Die Mundstange dreht sich ein wenig, die Unterbäume weichen zurück, Zunge und Unterkiefer werden zwischen Mundstange und Kinnkette zusammengedrückt. Der Pferdekopf gibt den zusammenwirkenden Druckpunkten auf Nasenrücken, Unterkiefer, Genick, Zunge, Laden und Kinn nach und nähert sich der Senkrechten. Besitzt die Mundstange eine hohe, schmale Zungenfreiheit, so verschärft sich der Druck zusätzlich auf Gaumen und Zungenränder, denn der Oberkiefer kann durch die Sperrung des Nasen-Unterkieferriemens nicht nachgeben.

Der Begriff Zungenfreiheit, der für die Auskehlung oder Ausbuchtung in der Mitte der Kandarenstange steht, ist irreführend. »Zungenfreiheit« suggeriert Befreiung und Entspannung, doch das Gegenteil ist der Fall. Der Metallbügel im Pferdemaul ist eine raffiniert ausgeklügelte Gemeinheit, die bei grober und gewaltsamer Zügelführung Zwang und Schmerz verursacht und das Pferd in die Kopfsenkung zwingt. Je höher und schmaler eine Zungenfreiheit, desto schärfer wirkt sich der Zügeldruck auf Gaumen und Zungenränder aus. Zusätzlich zur Hebelwirkung wird die Zunge in der schmalen Aufwölbung zusammengepresst und die Zungenränder werden gequetscht. Bei flach ausgeprägtem Gaumen kann der Druck besonders schmerzhaft sein. Eine dünne Mundstange kann den Druck zusätzlich verschärfen.

Eine dicke Mundstange ohne Zungenfreiheit oder mit nur geringer Auskehlung auf der Unterseite kann dagegen die reine Gaumenfreude für das Pferd sein. Sie verschont den Gaumen und wirkt vor allem durch Druck auf das elastische Polster der Zunge. Eine dicke Mundstange mit geringer, aber breiter Zungenfreiheit, die die gesamte Breite der Zunge ausspart, verteilt den Druck auf Zunge und Laden. Die Zunge verliert teilweise ihre dämpfende Funktion. Gleichwohl ist der Druck als relativ mild zu bezeichnen, weil die breite Auflagefläche der dicken Mundstange selbst scharfkantige Laden nicht über Gebühr strapaziert – gekonnte, einfühlsame Zügelführung vorausgesetzt. Gebogene Mundstangen ohne Zungenfreiheit und solche, deren Zungenfreiheiten sich nicht wesentlich über die obere Kontur der Mundstange erheben und die Zungenbreite aussparen, sind die maulfreundlichsten.

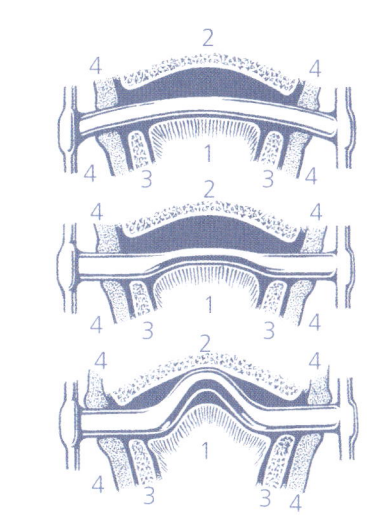

Wirkung der Zungenfreiheit auf das Pferdemaul. ① Zunge, ② Gaumen, ③ Laden (Unterkieferäste), ④ Lippen.
Oben: Leicht gebogene Mundstange ohne Zungenfreiheit (französische Kandare), ruht bei lockerem Zügel vornehmlich auf der Zunge, bei Zügelstraffung Druck auf Zunge und Laden. Relativ milde Wirkung.
Mitte: Gerade Mundstange mit unterer Auskehlung in Zungenbreite, ruht gleichmäßig auf Zunge und Laden. Bei größerem Durchmesser (also dicker Mundstange) mildeste und maulfreundlichste Wirkung.
Unten: Gerade Mundstange mit hoher und schmaler Zungenfreiheit, bei Zügelstraffung starker punktueller Druck auf den Gaumen, die Zungenränder werden gequetscht, die Zungenmitte wird in die schmale Zungenfreiheit hineingepresst. Starker Druck auf die Laden, scharfe Wirkung. Je höher und schmaler die Zungenfreiheit, desto schärfer die Zwangswirkung.

Die Mundstange liegt in der oberen Hälfte des zahnfreien Raumes zwischen Hakenzähnen und vorderen Backenzähnen, oberhalb der Kandare muss die Unterlegtrense zusätzlich Platz finden. Bei Pferden mit kurzer Maulspalte können die Maulwinkel zwangsläufig hochgezogen werden. Schnallt man die Kandare tiefer, so wirkt sie stärker beizäumend und das Pferd kann die Zunge darüber legen. Liegt die Mundstange sehr hoch, wirkt sie aufrichtend; sie kann das Pferd aber verleiten, eine »Stütze im fünften Bein« zu suchen. Zudem werden die Maulwinkel übermäßig hochgezogen und die Unterlegtrense berührt die Backenzähne. Mundstange und Trensenmundstück müssen so breit sein, dass zwischen Maulwinkel und Kandarenschenkel beziehungsweise Trensenringen auf jeder Seite kapp ein Zentimeter Spielraum bleibt, damit die Lefzen nicht wundgescheuert werden.

Hebelwirkung

Die Verankerung der Kandarenhebel an den Enden der Mundstange ist unterschiedlich. Feste, unbewegliche Hebel sind maulfreundlich, weil sie die Maulwinkel nicht verletzen. Drehbare Schenkel können ausleiern und scharfe, verletzende Grate bilden, gleichwohl gewähren sie der Pferdezunge ein geringes Spiel mit dem Mundstück und der geübten Zügelhand fein dosierte Zügelhilfen. Den gleichen Effekt zeigen sog. Pumpgebisse, die sich in ihren Verankerungen auf- und abbewegen. Bewegliche Kandarenschenkel sollten der sehr feinfühligen Reiterhand vorbehalten bleiben.

Ober- und Unterbaum des Kandarenschenkels müssen in einem bestimmten Längenverhältnis zueinander stehen, um eine ausgewogene Hebelwirkung zu erzielen. Bei Zügelanzug legen lange Unterbäume einen längeren Weg bis zur Kinnkettenstraffung zurück als kurze, die Zugwirkung auf das Pferdemaul steigert sich weich und allmählich in gleitendem Übergang, die Hebelkraft ist jedoch beträchtlich.

Für kurze Unterbäume ist der Weg kürzer, die Zugwirkung steigert sich abrupter und härter, ein feines Dosieren der Zügelhilfen wird schwieriger. Ausgewogene Hebelkraft verringert sich, wenn die Oberbäume im Verhältnis zu den Unterbäumen zu lang sind. Gerade Kandarenschenkel übertragen die Zugwirkung der Reiterhand direkter, S-förmige und rückwärts gebogene Hebel übertragen sie weicher. In der Sportdressur sind gerade Kandarenhebel üblich, in der klassisch-barocken Reitweise werden häufig S-Kandaren bevorzugt, im Western- und Freizeitbereich finden vielfältige Kandaren-Varianten Verwendung.

Stabkandare (oben), *im Turniersport gebräuchlich, und S-Kandare* (unten), *die im Freizeitbereich häufig Verwendung findet. Beide Modelle besitzen fest verschweißte, unbewegliche Hebelanzüge, die die Maulwinkel schonen.*

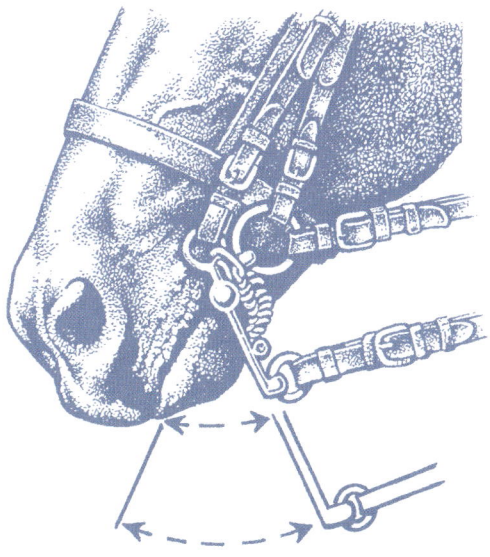

Hebelwirkung der Kandare.
Je länger der Unterbaum, desto länger der Weg bis zur Kinnkettenstraffung bei Zügelanzug. Die Hebelwirkung setzt sanft und allmählich übergleitend ein und kann in feinen Abstufungen differenziert werden. Bei kurzem Unterbaum ist der Weg kürzer, die Hebelwirkung wird von der Kinnkette abrupter blockiert, die Möglichkeit einer differenzierten Dosierung wird geringer. Schärfste Quetschwirkung auf den Unterkiefer zeigen Kandaren mit kurzem Oberbaum und langem Unterbaum.

Kandare mit drehbaren und vertikal verschiebbaren, langen Hebelanzügen (Pumpgebiss, oben) und Französische Kandare mit unbeweglichen Hebeln (unten). Das Pumpgebiss lässt der Pferdezunge ein wenig Spielraum, um die Mundstange in bequeme Position zu rücken; bei Ausleierung können jedoch die Maulwinkel eingeklemmt werden. Die relativ langen Unter-bäume verschärfen die Hebelwirkung. Die Französische Kandare schont die Maulwinkel, die Kinnkettenhaken sind jedoch falsch befestigt, Spitze und Öffnung zeigen nach oben, der Trensenring kann sich verfangen.

Piaffe, vorbildlich gymnastizierte Hankenbeuge und entsprechend angemessene Aufrichtung der Kopf-Hals-Partie bei deutlicher Zügelanlehnung, die Hebelwirkung der Kandare gerät etwas straff. Außergewöhnliches Talent eines Warmblutpferdes für die kompakte Rundung des Spannungsbogens.

Die Mindestlänge der Oberbäume sollte 3 Zentimeter betragen, damit die Kinnkettenhaken nicht zu dicht an den Maulwinkeln liegen.

Die gestraffte Kinnkette bildet die Gegenkraft oder Blockade zum Zügelanzug der Reiterhand und löst die Hebelwirkung auf den Unterkiefer aus, während die zunehmend gespannten Backenstücke der Zäumung den Hebelweg der Kandare – bevor die Kinnkette blockiert – elastisch verlangsamen. Bei hängendem Zügel, im Ruhezustand der Kandare, liegt sie unterhalb der Unterlegtrense – etwa in Höhe der Mundstange – glatt, flach und locker in der Kinngrube, so dass mindestens zwei Finger zwischen Kinn und Kette Platz finden. Die Unterbäume dürfen bei Zügelanzug bis zur Kinnkettenstraffung nur so weit zurückweichen, dass sie maximal einen Winkel von 45 Grad zur Maulspalte bilden.

Bei »strotzender« Kandare ist die Kinnkette zu kurz eingehakt und der Bewegungsspielraum der Unterbäume zu knapp. Durch den geringen Neigungswinkel wird die Kandare zum harten Zwangsinstrument.

Bei »durchfallender« Kandare ist die Kinnkette zu lang, der Neigungswinkel der Unterbäume nähert sich 90 Grad, die Zügelhilfen verlieren an Präzision und Wirksamkeit und verführen die Reiterhand zu grober Zügelführung.

Die Kandarenaugen sind auswärts gebogen, damit die dünne Haut auf den Backenzähnen nicht gescheuert wird. Die Enden der Kinnkettenhaken sind ebenfalls auswärts gebogen, damit sie sich nicht in die Haut bohren. Die Kette wird zuerst auf der rechten Seite des Pferdemaules eingehakt, dann im Uhrzeigersinn voll ausgedreht und schließlich auf der linken Seite eingehängt, damit sie absolut glatt in der Kinngrube liegt. Überzählige Kettenglieder werden gleichmäßig rechts und links verteilt.

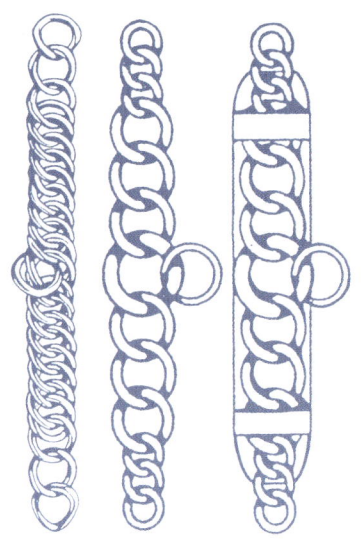

Gebräuchliche Kinnketten. Eine Kinnkette mit engen Gliedern liegt glatter auf der Haut als eine mit weiten Gliedern. Eine unkorrekt ausgedrehte Kinnkette übt schmerzhaften Druck auf die Kinngrube aus. Wird eine Lederunterlage verwendet, um den Kinnkettendruck zu mildern, müssen deren Ecken abgerundet sein, damit die weiche Kinnhaut nicht wundgescheuert wird. Leder bedarf sorgfältiger Pflege wegen des Speichelflusses, Gummi ist wegen des Radiereffektes weniger geeignet. Bei eingehakter Kinnkette hängt der Scherriemenring *(Mitte)* nach unten, durch den gegebenenfalls der Scherriemen verläuft, der bei einer Kandare mit geraden Unterbäumen in deren kleine Ösen eingeschnallt ist, um zu verhindern, dass die Pferdelippen (bei durchhängenden Zügeln) die Unterbäume in das Maul ziehen. Die Kinnkette liegt etwa in Höhe der Mundstange locker in der Kinngrube, so dass zwei Finger zwischen Kinn und Kette Platz finden.

Es ist leicht vorstellbar, dass die beiden Mundstücke der Dressurkandare vom Pferd als maulfüllende, lästige Fremdkörper empfunden werden. Wegen des Platzmangels ist denn auch die Unterlegtrense dünner geformt als das normale Trensenmundstück. Zudem drückt das gewichtige Kandarenmundstück ständig auf Zunge und Laden, auch wenn die Zügel nicht gestrafft sind. Grobe und harte Zügelhilfen, die im Maul empfindlichen Druckschmerz auslösen, sind für das Pferd nicht nur eine physische, sondern auch eine psychische Belastung, die körperliche Verspannungen erzeugen und die gesamte Hilfengebung in Frage stellen können. Um den willigen Arbeitseifer des Pferdes zu erhalten und Verkrampfungen oder gar Widersetzlichkeiten zu vermeiden, ist eine sanfte und behutsame Zügelführung unerlässlich.

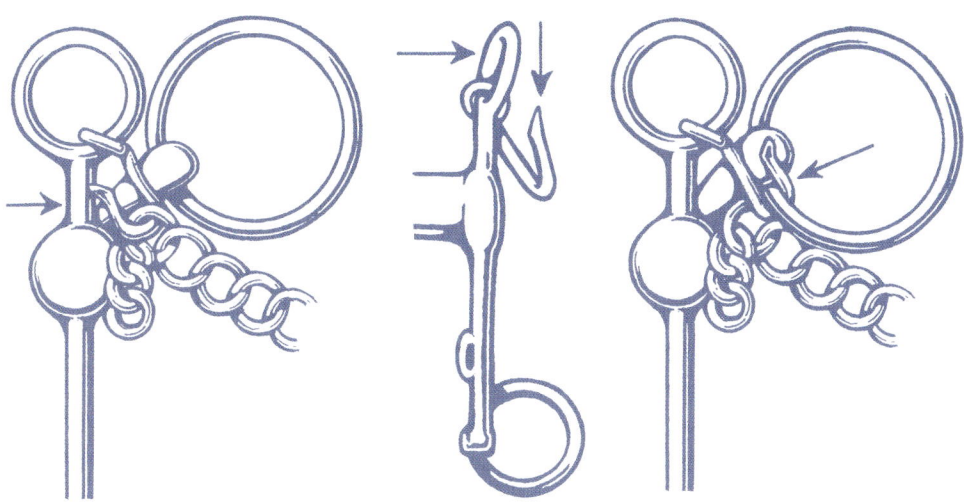

Kinnkettenhaken.

Links: Sie zeigen mit den Spitzen und der Öffnung nach unten, damit sich die Trensenringe nicht darin verhaken.

Mitte: Die Spitzen sind auswärts gebogen, damit sie sich nicht in die Haut bohren und die Kette leicht eingehakt werden kann. Die Oberbäume der Kandare sind ebenfalls auswärts gebogen und mindestens 3 Zenti-meter lang, so dass die Kinnkettenhaken hoch liegen und sich nicht in den Maul-winkeln verfangen.

Rechts: Wenn Öffnung und Spitzen der Kinn-kettenhaken nach oben weisen, können sich die Trensenringe darin verfangen (Pfeil). Bei Straffung der Trensenzügel verkantet sich das Kandarenmundstück und irritiert das Pferd.

Sättel für dressurmäßige Reitausübung.

Dressursattel *(links)*, die kurze Sitzfläche überträgt punktuellen Druck der Gesäßknochen auf den Pferderücken. Der Viel-seitigkeitssattel *(rechts)* bietet annähernd den gleichen Effekt.

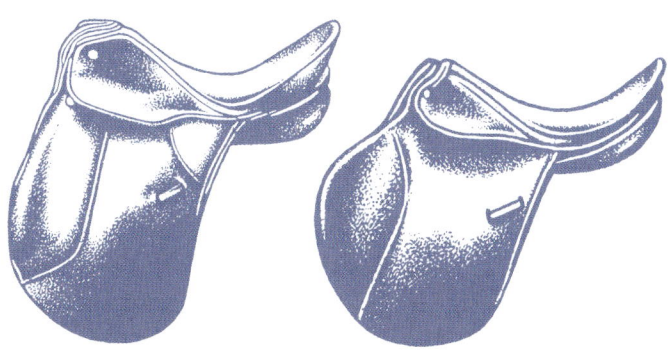

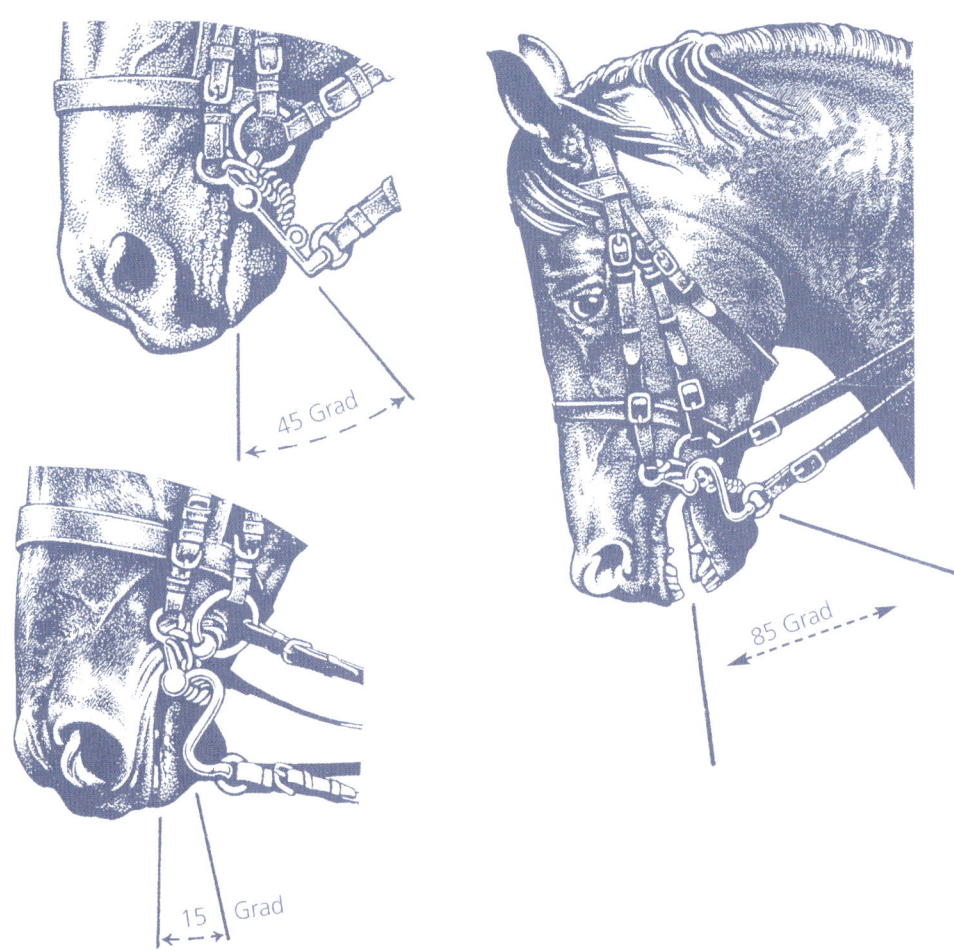

Neigungswinkel der Kandare.

Links oben: Die Kinnkette ist korrekt eingehakt, wenn die Kandarenschenkel bei Zügelanzug bis 45 Grad zur Maulspalte zurückweichen können.

Links unten: Bei »strotzender« Kandare kann
der Unterbaum nur geringfügig nachgeben,
weil die Kinnkette zu kurz eingehakt ist. Die
Folge ist eine harte Zügelführung, Zunge und
Unterkiefer werden bei Zügelanzug schmerzhaft eingeklemmt, der kurze Hebelweg verhindert eine dosierte Zügelhilfe.

Rechts: Bei »durchfallender« Kandare ist die
Kinnkette zu lang eingehakt, bei Zügelanzug
nähert sich der Unterbaum der Waagerech-
ten. Der zu große Spielraum des Hebelweges
verführt zu harten und groben Zügelhilfen,
die Maulwinkel werden extrem hochgezogen, und eine einfühlsame, dosierte Zügelführung ist unmöglich.

Fehlerhafte Kandarenzäumung.

Die zu breit bemessene Trense ragt seitlich zu weit aus den Maulwinkeln hervor, die Folge ist eine starke »Nussknackerwirkung«. Das Ringloch ist ausgeleiert und bildet einen scharfen Grat, der die Lefzen einklemmen kann. Der Kinnkettenhaken ist falsch eingehängt, Spitze und Öffnung zeigen nach oben, so dass sich der Trensenring verfangen und die Kandare verkanten kann. Die Kinnkette ist nicht im Uhrzeigersinn ausgedreht und liegt nicht glatt in der Kinngrube, bei Zügelstraffung können schmerzhafte Druckpunkte am Kinn entstehen und die Zügelführung beeinträchtigen.

Trabverstärkung, die Zügelführung gleicht sich dem erweiterten Rahmen des Pferdes an. Leichte Anlehnung der Trensenzügel, durchhängende Kandarenzügel, korrekte Handhaltung, lotrechter, tiefer Sitz im Pferd. Wenn die Zügelhand der Kopf-Hals-Partie hinreichend Spielraum lässt, erleichtert sie dem Pferd die Gleichgewichtsfindung unter dem Reitergewicht. Freier, entspannter Pferdehals, relative Aufrichtung. Reiterlicher Sitz und Zügelführung sind vorbildlich.

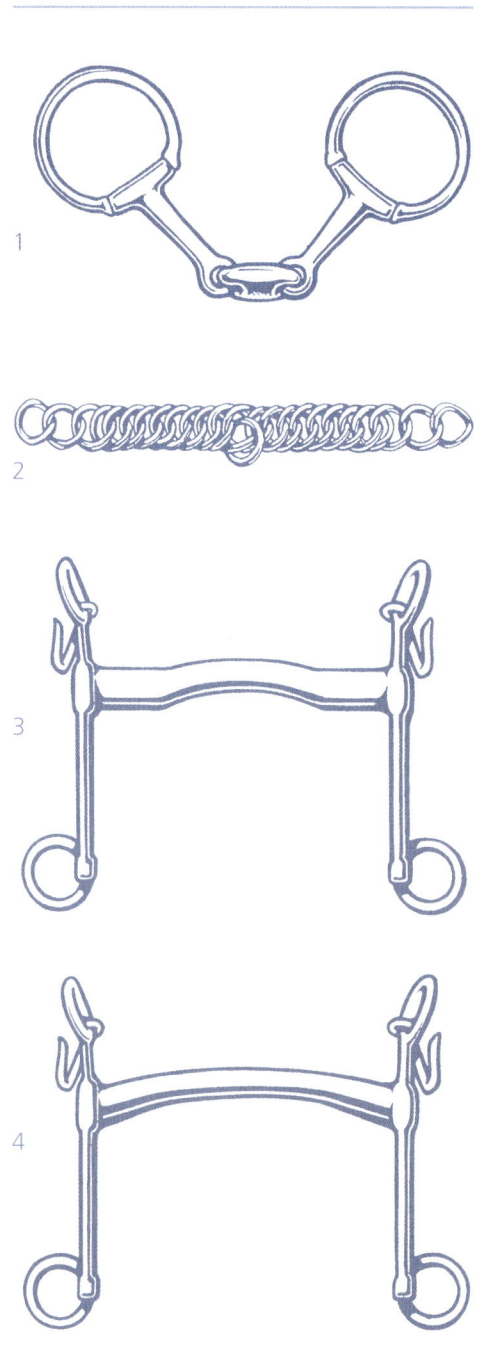

Als maulfreundlichste Mundstücke haben sich die doppelt gebrochene Olivenkopf-Unterlegtrense (KK-Conrad-Modell) und die Dressurkandare mit gerader, unten breit ausgekehlter Mundstange für den Zungenraum, sowie die französische Kandare mit gebogener Mundstange erwiesen, beide ohne Zungenfreiheit und mit fest verschweißten, unbeweglichen Hebelanzügen. Die Kinnkette sollte aus eng geschlungenen Gliedern bestehen, damit sie glatt in der Kinngrube liegt. Die Spitzen der Kinnkettenhaken müssen nach unten weisen, damit sich die Ringe der Unterlegtrense nicht darin verfangen. Die Gesamtlängen der Hebelanzüge der Kandare schwanken hierzulande zwischen 15,5 und 10 Zentimeter, das Längenverhältnis von Oberbaum zu Unterbaum liegt zwischen 1:1,5 und 1:2,5.

Maulfreundliche Varianten der Dressurkandare. ① Unterlegtrense mit Olivenköpfen und integriertem KK-Conrad-Gebiss (doppelt gebrochen), die Zunge, Laden und Maulwinkel schont. ② Kinnkette mit eng verschlungenen Gliedern, die dem Kinn weitgehend glatt anliegt. ③ Kandare mit festen, unbeweglichen Schenkeln, dicker Mundstange und breiter, flacher Zungenfreiheit, die kaum die obere Kontur der Mundstange überragt und den Gaumen nicht tangiert. Die Maulwinkel werden nicht eingeklemmt, die dicke Mundstange bietet den empfindlichen Laden eine breite Auflagefläche. ④ Die Französische Kandare zeigt annähernd die gleiche Wirkung, die Mundstange ist etwas dünner und wirkt deshalb etwas schärfer. Beide Kandarenmundstücke werden wechselnd von Zunge und Laden getragen.

Im Gegensatz zur direkten Zugwirkung der Trense beruht das Prinzip der Kandaren-zäumung auf indirekter Kraftübertragung, die Zugwirkung der Zügelhand wird über den Umweg mechanischer Hebelwirkung verstärkt auf das Pferdemaul übertragen.

Die starre Mundstange der Kandare lässt keine einseitigen Lenkhilfen zu, deshalb erfolgen alle einseitigen Zügelhilfen, also auch Lenkhilfen in die Wendungen, über die Unterlegtrense, die zudem fein dosierte Signale überträgt.

Zügelführung mit Dressurkandare, die Trensenzügel bestreiten den überwiegenden Anteil der Zügelhilfen. Die Kandarenzügel geben zumeist leicht nach und werden nur bei Bedarf aktiv. Der Unterbaum zeigt den richtigen Neigungswinkel zur Maulspalte von 45 Grad.

Wenn die Zügelhand der Kopf-Hals-Partie hinreichend Spielraum lässt,
erleichtert sie dem Pferd die Gleichgewichtsfindung unter dem Reitergewicht.

Zügelhaltung

Da die starre Kandare im Gegensatz zur allseits beweglichen Trense nur eine erheblich eingeschränkte Zügelführung zulässt, kombiniert man unter dem Begriff »Dressurkandare« beide Mundstücke zu einer Zäumung, um die Möglichkeiten der Zügelführung zu erweitern. Die Unterlegtrense bestreitet den Löwenanteil aller Zügelhilfen. In differenziertem Frage- und Antwortspiel veranlasst sie die Pferdezunge zu reger Kautätigkeit, bietet Lenkhilfe in den Wendungen und unterstützt die Aufrichtung der Kopf-Hals-Partie des Pferdes. Die Kandare gibt mit begleitenden Signalen Anstöße zur Beizäumung, die weder in fester Haltung erstarren noch hinter die Senkrechte fallen darf, damit das Pferd das gemeinsame Gleichgewicht ausbalancieren kann. Der Pferdehals muss innerhalb der Versammlung und trotz Beizäumung in ganzer Länge entspannt und beweglich bleiben und darf nicht eingeengt werden. Die Beizäumung muss so locker, durchlässig und nachgiebig sein, dass das Pferd nach einer Fliege schnappen kann, ohne die Haltung aufzugeben. Als Faustregel kann gelten, dass die Kandarenzügel zumeist leicht durchhängen und nur im Bedarfsfall zu kurzer Ermahnung gestrafft werden, während die Trensenzügel in unablässiger Zwiesprache mit der Pferdezunge tätig sind.

Bei extremer Hankenbeuge in der Piaffe, die den Spannungsbogen des gesamten Pferdekörpers zu einer elastischen Stahlfeder rundet, kann Zügelanlehnung über die Kandare für das Pferd eine Stütze sein, die indes nicht über Gebühr eingesetzt werden darf, um den Pferdehals nicht einzuengen; das Pferd soll »sich selbst tragen«.

Gleichgewicht und Schwerpunkt.
In der Levade sitzt der Reiter gleichgewichtig im Schwerpunkt, also exakt über den fußenden Hinterhufen, damit sich das Pferd unter dem Reitergewicht ausbalancieren kann. Ein gedachtes Lot durch den Reiter trifft genau auf die Hinterhufe. In der korrekt ausgewogenen Levade ohne Zügelzwang kommt am deutlichsten zum Ausdruck, dass das Pferd sich selbst trägt.

Die sitzunabhängige Zügelführung ist grundlegende Voraussetzung für den Reiter, der mit Dressurkandare und Unterlegtrense reiten will. Die Bedienung der vier Zügel, die mehr oder weniger gleichzeitig oder auch unabhängig voneinander verlängert und verkürzt

Erhebung zur Levade ohne falsche »anhebende« Zügelhilfe, die Zügel geben nach. Allein die reiterliche Gewichtshilfe veranlasst das Pferd, den gemeinsamen Schwerpunkt auf den fußenden Hintergliedmaßen auszubalancieren. Die Levade verrät am deutlichsten, ob das gemeinsame Gleichgewicht von Pferd und Reiter gefunden ist.

oder in ihrer Position gehalten werden wollen, verlangt Übung und kontrollierte Fingerfertigkeit. Geschickte und vorausschauende Zügelhaltung kann die Wechsel der Zügelhilfen vereinfachen, beschleunigen und stufenlos ineinander übergleiten lassen. Fünf verschiedene, ein- und zweihändige Zügelhaltungen sind gebräuchlich, die der Reiter für diese oder jene Lektion variieren und nach seinen Fähigkeiten wählen kann.

Die Grundhaltung der Zügel, aus der sich fast alle weiteren Zügelhaltungen entwickeln lassen, bestreitet die linke Hand:

● Zunächst fasst die rechte Hand alle Zügel zusammen, so wie sie vom Pferdemaul herkommen. Die Oberkanten der Lederriemen weisen nach oben und die glatten Lederseiten nach außen. Die Kandarenzügel liegen zwischen beiden Trensenzügeln.

● Sodann schieben sich die fächerförmig gespreizten Finger der linken Hand von oben zwischen die einzelnen Zügel, der linke Trensenzügel liegt außerhalb des kleinen Fingers, der linke Kandarenzügel zwischen kleinem Finger und Ringfinger, der rechte Kandarenzügel zwischen Ringfinger und Mittelfinger, der rechte Trensenzügel zwischen Mittelfinger und Zeigefinger in der Reihenfolge ihrer Zusammenfassung durch die rechte Hand.

● Die Enden aller vier Zügel werden zusammen nach vorn gebogen und verlassen die nunmehr geschlossene Zügelfaust gemeinsam zwischen Zeigefinger und dachförmig aufliegendem Daumen.

● Die bislang quer liegende, zügelhaltende linke Faust stellt sich nunmehr senkrecht auf, alle vier Zügel laufen jetzt übereinander aus der Zügelhand in gleichmäßiger Straffung zum Pferdemaul.

Aus dieser Grundposition sind, teils mit Hilfe der rechten Hand, mehrere Zügelhaltungen möglich.

Aufnahme der Zügelpaare der Dressurkandare. ① Die querliegende Hand erfasst die Zügel, so wie sie vom Pferdemaul kommen, die Trensenzügel liegen außen, die Kandarenzügel innen. ② + ③ Alle Zügel verlassen die Hand zwischen Zeigefinger und Daumen. ④ Grundhaltung: Alle Zügel laufen in die aufrecht gestellte linke Hand, Ausgangsposition für die Zügelübernahme der rechten Hand und beidhändige Zügelführung. Die ungeteilte Zügelführung wird indes auch in anspruchsvollen Dressurlektionen demonstriert und verlangt höchste Ausbildungsreife von Pferd und Reiter.

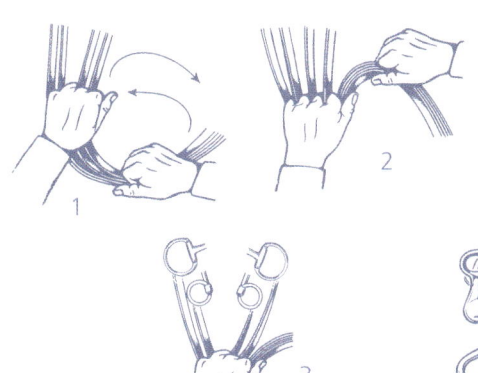

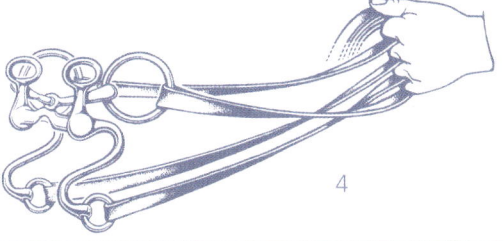

*Zügelführung »3:1«. Der rechte Trensenzügel wird von der rechten
Hand bedient und führt das Pferd nach rechts in die Wendung,
vorab hat der linke Trensenzügel nachgegeben.*

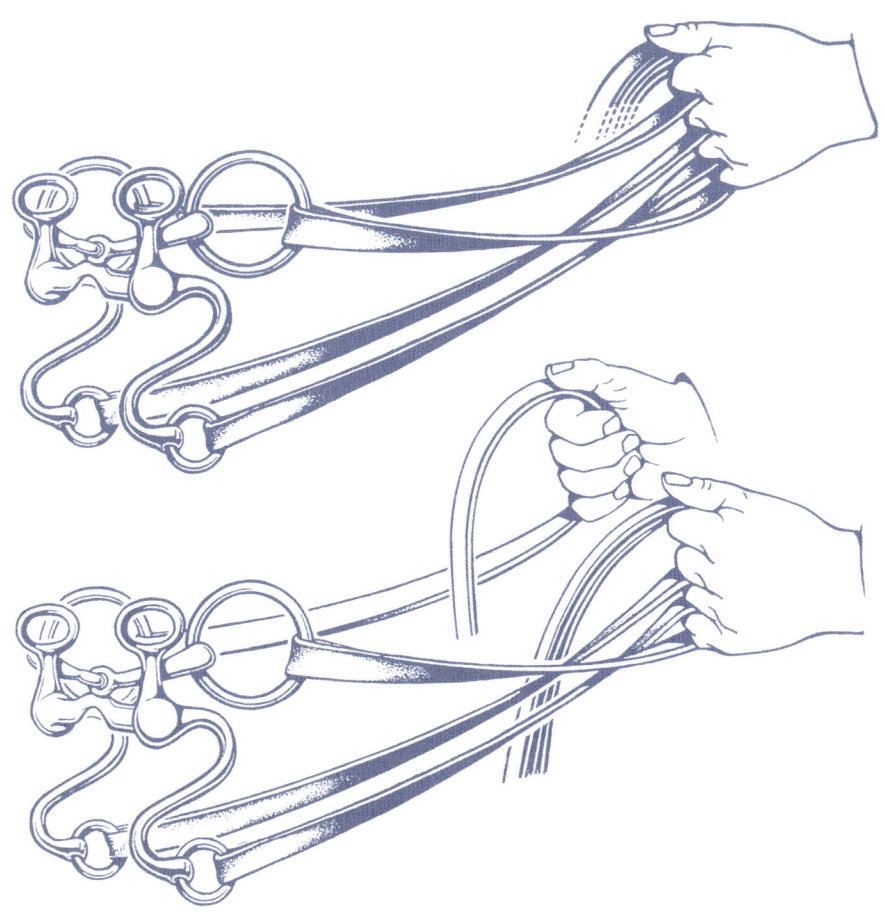

Ausgangsposition und Zügelhaltung »3:1«
Aus der Grundhaltung der aufrecht stehenden, linken Zügelfaust kann die rechte Hand nunmehr den rechten Trensenzügel übernehmen. In dieser Zügelhaltung »3:1« bleiben beide Kandarenzügel kandarengerecht zusammen in der linken Hand. Alle Signale über die Kandare erfolgen mit gleichmäßigem Druck gleichzeitig auf beiden Seiten über beide Zügel, so dass sich das Mundstück im Pferdemaul nicht verkantet. Der

rechte Trensenzügel kann unterhalb des kleinen Fingers oder zwischen kleinem Finger und Ringfinger von der rechten Hand übernommen werden. Der kleine Finger der linken Hand und die rechte Hand können differenziert mit dem Trensenmundstück spielen. Diese Zügelhaltung entspricht sowohl der einhändigen Bedienung der Kandare als auch der beidhändigen Führung der Trense, mit der einseitige Zügelhilfen möglich sind, ohne die Kandare zu behelligen.

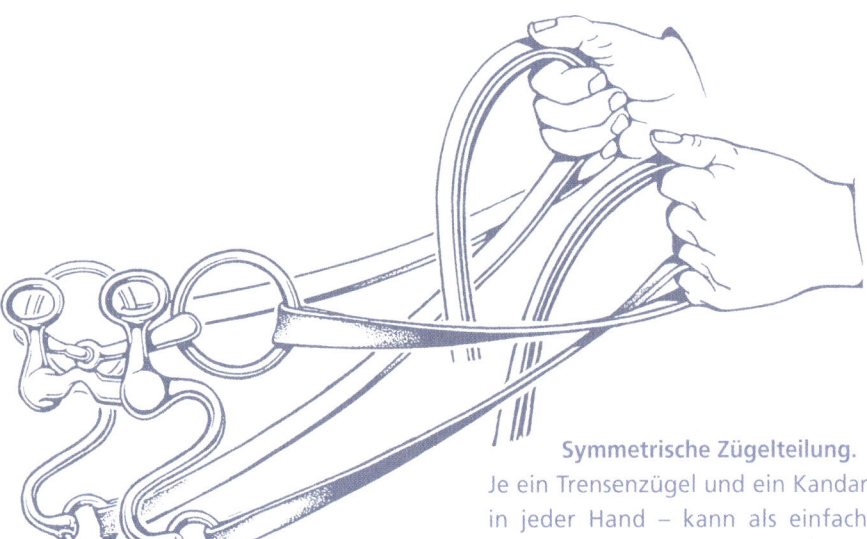

Symmetrische Zügelteilung.
Je ein Trensenzügel und ein Kandarenzügel in jeder Hand – kann als einfachste und verständlichste Zügelhaltung für den Reiter gelten, vorausgesetzt, er verfügt über eine vom Sitz unabhängige, einfühlsame und geübte Zügelhand, die das Kandarenmundstück nicht durch einseitige Zügelhilfen im Pferdemaul verkantet.

In der Zügelführung »2:2« übernimmt die rechte Hand den rechten Trensenzügel und den rechten Kandarenzügel, so dass durch jede Hand zwei Zügel laufen. Die symmetrische Teilung beider Zügelpaare verlangt vom Reiter ausgeprägtes Feingefühl für ein gleichmäßiges Annehmen der Kandarenzügel, damit sich das Kandarenmundstück im Pferdemaul nicht verkantet. Die zweihändige Führung der Kandarenzügel widerspricht dem Prinzip einhändiger Zügelführung mit Kandarenstange. Es besteht Gefahr, dass sich das Kandarenmundstück unbemerkt vom Reiter im Pferdemaul verkantet und der Pferdekopf zu Verwerfungen und Schiefhaltung und das Genick zu Verspannungen verleitet wird. Ständige Kontrollen über einhändige Zügelführung können vor dauerhaften Gewohnheitsfehlern warnen.

Bei »angefasster Kandare« laufen alle vier Zügel gemäß der Grundhaltung durch die aufrecht gestellte linke Hand. Die Kandarenzügel sind gleichmäßig gestrafft, die Trensenzügel hängen jedoch in voller Länge durch. Diese Zügelführung, in der allein die Kandare aktiviert ist und dem Pferd eine Stütze bietet, wird zumeist in anspruchsvollen Dressurlektionen der Hohen Schule bevorzugt, wobei die Gerte als vergangenes barockes Schauelement, senkrecht in der rechten Hand gehalten wird. Die einhändige Zügelführung in schwieriger Lektion verlangt einen fähigen Reiter mit großem Feingefühl in der Hilfengebung, wenn die Versammlung unverändert erhalten bleiben soll.

*Symmetrische Teilung der Zügel »2:2« bei gleichmäßiger beidseitiger
Zügelanlehnung. Die Enden der Zügel hängen an der rechten Seite
zwischen Pferdehals und rechtsseitigen Zügeln herab.*

Angefasste Kandare, Zügelführung der Vollendung in der Piaffe. Die Kandarenzügel stehen in Anlehnung. Die Trensenzügel hängen bewegungslos in voller Länge herab. Schlenkernde Trensenzügel im Trabrhythmus verraten, dass kein gemeinsames Gleichgewicht vorhanden ist. Sichere Selbsthaltung des Pferdes und absolut einfühlsame Zügelführung sind Voraussetzung für die sanfte Kandarenstütze.

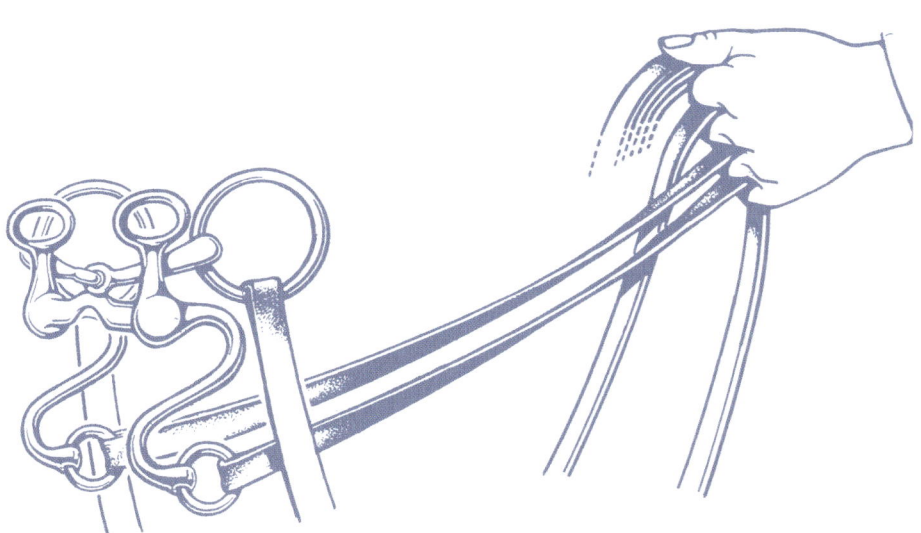

Blanke (angefasste) Kandare.

Beide Kandarenzügel laufen in die linke Hand und bleiben mehr oder minder in Anlehnung, die Trensenzügel hängen durch und sind außer Funktion. Diese Zügelführung verlangt ein absolut durchlässiges Pferd, das ein stabiles Gleichgewicht unter dem Reiter gefunden hat und »sich selbst trägt«, sowie höchste Vollendung der Lektionen und einen begabten Reiter mit weichster Zügelhand. Die blanke Kandare wird nur kurzfristig und in schwierigen Lektionen eingesetzt; sie dokumentiert den vollendeten Ausbildungsstand von Pferd und Reiter.

Eine weitere Methode der Zügelführung wird James Fillis (1834–1913), einem umstrittenen englischen Reitmeister, zugeschrieben, die ihre Vorzüge haben kann. Diese Zügelhaltung geht nicht von der dargestellten linkshändigen Grundposition aus. Vielmehr liegen beide Zügelpaare symmetrisch getrennt von Anbeginn in beiden Händen, der linke Trensenzügel läuft oben zwischen Daumen und Zeigefinger in die linke Hand und verlässt sie wieder unterhalb des kleinen Fingers, der linke Kandarenzügel läuft unterhalb des kleinen Fingers in die linke Hand und verlässt sie oben zwischen Daumen und Zeigefinger. Das rechte Zügelpaar läuft in gleicher Weise durch die rechte Hand. Die Zügelhilfen ergeben sich durch feine Stufungen des Abkippens der aufrecht stehenden Zügelhände, so dass beim Neigen der Zügelhand nach vorn-unten der Trensenzügel nachgibt, der Kandarenzügel aber im gleichen Moment gestrafft wird. Beim Anheben der Zügelfaust tritt der umgekehrte Effekt ein: Der Kandarenzügel gibt nach und der Trensenzügel strafft sich. So werden stufenlos gleitende Übergänge in den Zügelhilfen möglich.

Lektion an der Hand (Pesade) im fortgeschrittenen Ausbildungsstadium mit Dressurkandare nach Fillis. Das rechte Zügelpaar, das vor dem Widerrist über den Mähnenkamm verläuft, wird in gleicher Weise von der rechten Hand gehalten.

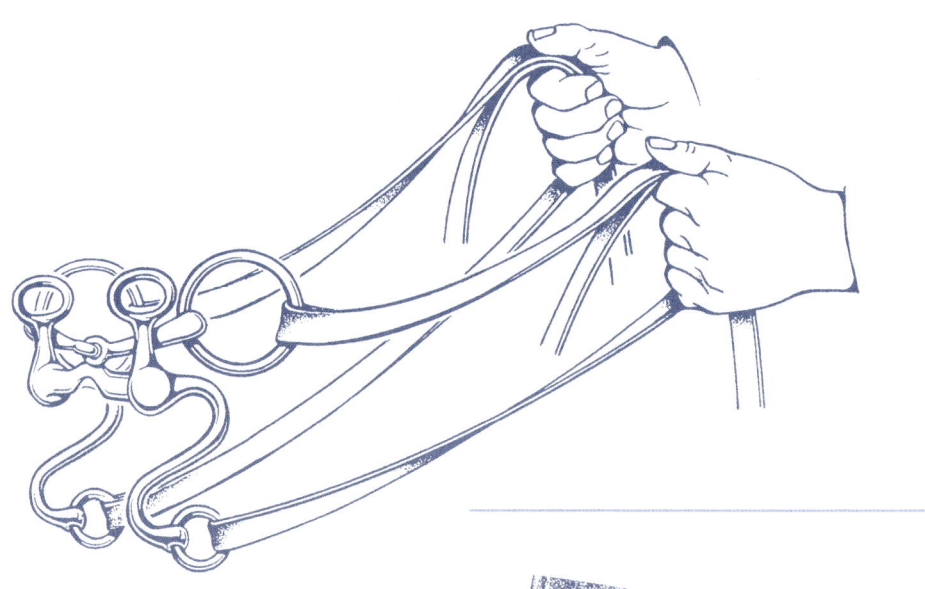

Zügelteilung »2:2« der Dressurkandare nach Fillis. Die rauen Innenseiten der Trensenzügel weisen nach unten, die der Kandarenzügel nach oben, bevor sie in die Zügelhände laufen, damit optimale Griffigkeit gewährleistet ist. Bei leichtem Anheben der Zügelhände treten die Trensenzügel in Aktion, die für Aufrichtung und Kautätigkeit sorgen. Mit geringem Abkippen der Zügelhände werden die Kandarenzügel aktiv, die das Pferd behutsam an Beizäumung erinnern. Diese Zügelhaltung erlaubt fein differenzierte Zügelhilfen und erfordert geübte, feinfühlige Zügelhände.

Arbeit an der Hand, Zügelführung nach Fillis ohne Kappzaum. Der Trensenzügel läuft zwischen Daumen und Zeigefinger von oben nach unten, der Kandarenzügel unterhalb des kleinen Fingers von unten nach oben in die Zügelhand. Fortgeschrittenes Ausbildungsstadium.

Kandarenzäumung erfordert grundsätzlich die geübte und einfühlsame Zügelhand des fortgeschrittenen Reiters und ein bis zur Kandarenreife ausgebildetes Pferd.

Die Unterlegtrense bestreitet den Löwenanteil der Zügelhilfen. Mit ihrer Hilfe sorgt die Zügelhand für Zügelanlehnung, Zwiesprache mit dem Pferdemaul, Kautätigkeit und Feinabstimmung der Zügelführung, die Trensenzügel werden deshalb etwas kürzer gefasst.

Die Hebelwirkung der Kandare tritt nur sekundär, zurückhaltend und sporadisch in Kraft, um Beizäumung, Gleichgewicht und Versammlung zu unterstützen.

Unbewegliche, fest verschweißte Kandarenhebel leiern nicht aus und schonen die Maulwinkel. Bewegliche Kandarenhebel hingegen können ausleiern, scharfe Grate bilden und die Maulwinkel quetschen.

Gerade oder leicht gebogene Mundstangen ohne Zungenfreiheit werden vorwiegend vom Zungenpolster getragen. Ausgekehlte, gerade Mundstangen liegen auf Zunge und Laden, weil die gesamte Breite der Zunge in der Auskehlung Platz findet.

Je höher und schmaler die Zungenfreiheit, desto schmerzhafter der Druck auf Gaumen und Zunge bei Zügelstraffung.

Je länger die Unterbäume, desto stärker die Hebelwirkung, aber auch sanfter einsetzend die Hebelkraft.

Geteilte, beidhändige Zügelführung »2:2« (für die eine Kandare generell nicht geeignet ist) verlangt gleichmäßiges und ausgewogenes Feingefühl der Zügelhände, um das Verkanten des Kandarenmundstücks im Pferdemaul zu verhindern.

Mit dem Begriff »Dressurkandare« ist stets die Kombination von Unterlegtrense – Kandare – Kinnkette gemeint.

Springkandaren

Das ungebrochene Stangengebiss mit Halbringen und Kinnkette wird in mehreren Varianten angeboten. Grundform ist das in der englischen Jagdreiterei verwendete

Kimblewick ohne Schnalllöcher. Die Zügel sind jeweils in das »D« eingeschnallt, so dass die Zügelschnallen Spielraum im gesamten Halbbogen haben.

Hebelwirkung der Springkandare.
Die Springkandare mit ungebrochener Mundstange und Kinnkette wird üblicherweise mit Englischem Reithalfter gezäumt (hier mit Hannoverschem Reithalfter). Die Zügel sind in die unteren Löcher geschnallt, bei Zügelstraffung setzt eine leichte Hebelwirkung ein. Das ungebrochene Kimblewick kann als mild wirkender Kandaren-Ersatz für vielerlei Zwecke oder auch als Stangentrense mit leichter Hebelwirkung bezeichnet werden. Wesentlich ist die einfühlsame Zügelführung, die das Stangenmundstück im Pferdemaul nicht durch einseitigen Zügelanzug verkantet.

Kimblewick, das die Zügelführung einer Stangentrense mit schwacher Hebelwirkung verbindet. Diese entsteht durch die Verankerung der Mundstange im oberen Bereich der D-förmigen Halbringe in Verbindung mit der Kinnkette, so dass der längere, untere Schenkel bei Zügelanzug eine leichte Hebelwirkung auf das Pferdemaul übermittelt – wenn die Zügel im unteren Teil der Halbringe ansetzen.

Doch die Dosierung der Höhe des Zügelansatzes innerhalb der Halbringe und damit die Stärke der Hebelwirkung gestaltet sich für die Reiterhand eher schwierig. Deshalb sind in die Halbbögen einiger Modelle zwei Schnallösen eingelassen, die eine feste Fixierung der Zügel ermöglichen, entweder unten mit schwacher Hebelwirkung oder oben ohne Hebelwirkung. Die Halbringe sind drehbar und müssen fortwährend auf Ausleierung und Gratbildung überprüft werden, damit sich die Maulwinkel nicht verletzen. Das Gebiss wird wie die Stangentrense mit zwei Zügeln (einem Zügelpaar) in beidseitig gleichmäßiger Anlehnung bedient, bei tiefer Verschnallung setzt die Hebelwirkung ein, deshalb sollte die Reiterhand einfühlsam und geübt sein. Werden die Zügel in die Halbringe geschnallt, so dass sie innerhalb des gesamten »D« Spielraum haben, setzt bei Zügelstraffung zunächst die Hebelwirkung ein, weil die Zügelschnallen unten hängen. Wenn diese durch den Zügelanzug nach oben gleiten, wird die Hebelwirkung aufgehoben und die »Trensenwirkung« setzt ein. Der Druck auf das Pferdemaul ist also zu Anfang schärfer und schwächt sich anschließend ab. Die Springkandare mit ungebrochener Mundstange eignet sich vorzugsweise für das Reiten im Gelände.

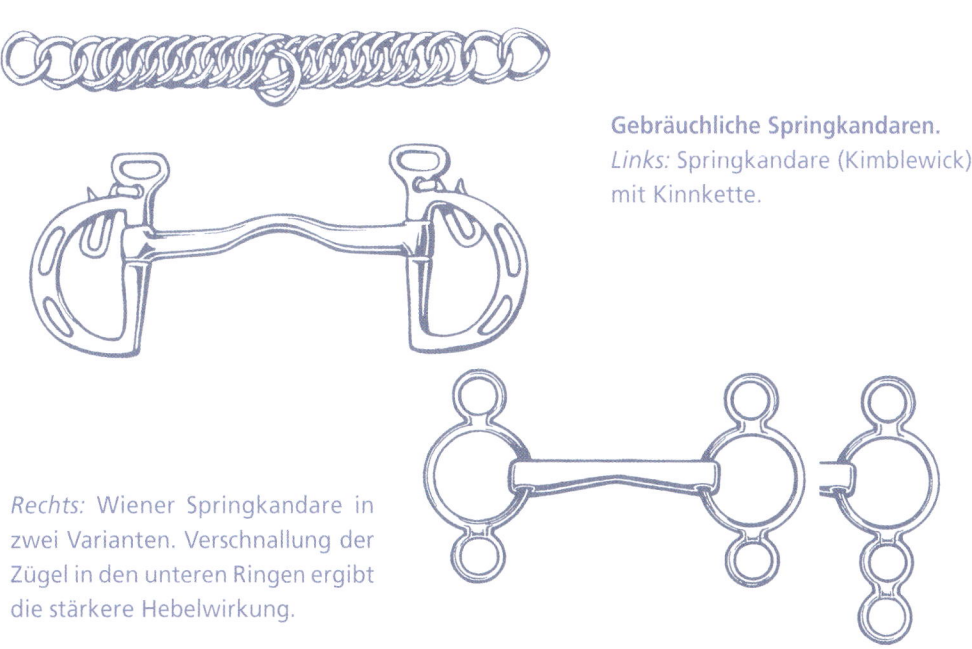

Gebräuchliche Springkandaren.
Links: Springkandare (Kimblewick) mit Kinnkette.

Rechts: Wiener Springkandare in zwei Varianten. Verschnallung der Zügel in den unteren Ringen ergibt die stärkere Hebelwirkung.

Die elastische Mundstange (Nathe-Kunststoffgebiss) der Wiener Springkandare gleicht sich der Rundung der Zunge an und liegt weich auf den Laden. Bei Verschnallung eines Zügelpaares in die großen Trensenringe ergibt sich die Zügelführung einer Stangentrense, bei Verschnallung in die unteren Zügelringe (ganz unten schärfste Wirkung) die Hebelwirkung einer Kandare, wenn in die oberen kleinen Ringe zum Einschnallen der Backenstücke zusätzlich Kinnkette oder Kinnriemen eingeschnallt werden. Ebenso ist eine Zügelführung mit zwei Zügelpaaren (vier Zügeln) möglich, die jeweils in die großen Trensenringe und die unteren »Kandarenringe« eingeschnallt werden, so dass etwa die Zügelführung einer Pelhamkandare mit weicherer Zugwirkung entsteht.

Die Springkandare darf nicht so hoch und stramm im Maul liegen, dass die Maulwinkel angehoben werden. Dem Wesen der ungebrochenen Mundstange gemäß ist möglichst einhändige Zügelführung geboten, bei zweihändiger Zügelführung kann die elastische Mundstange jedoch einseitige Zügelfehler ein wenig ausgleichen.

Eine mehrfache Kombinationsmöglichkeit (Trensen- und Kandarenführung) und die sanfte, ungebrochene (!) Mundstange erweisen sich insgesamt als maulfreundlich und auch für weniger fortgeschrittene Reiterhände geeignet. Das Einschnallen der Zügel in die unteren Kandarenringe ohne Gebrauch der Kinnkette ist strikt zu vermeiden, weil die Maulwinkel bei Zügelanzug hochgezogen werden und der tierquälerische Effekt einer Aufziehtrense wirksam wird.

Iberische
Zügelführung

D ie traditionellen Zäumungen im Süden Iberiens zeichnen sich noch immer durch erhebliche Schärfe aus, deren Ursache im Umgang des Reiters mit aggressiven Kampfstieren zu suchen ist. Die Arbeit des berittenen Kampfstierhirten und der Stierkampf zu Pferd sind mit beträchtlichen Risiken verbunden, denn die Reiter setzen ihr Leben aufs Spiel, wenn sie ihr Pferd nicht perfekt beherrschen. Um das Pferd zu absolutem Gehorsam zu erziehen, werden nicht nur scharf wirkende Kandaren, sondern mitunter auch Zwangsmittel eingesetzt. Für Reiter indes, die nicht von Kampfstieren bedroht werden, sind scharfe Zäumungen höchst unangemessen.

Im heißen Klima Iberiens sind Zäumungen auf wenig Leder beschränkt, um Wundreibungen der Haut beim Schwitzen zu vermeiden. Auf Reithalfter und Kehlriemen wird zumeist verzichtet, Letzterer gibt bei angemessen lockerer Verschnallung ohnehin keinen Halt und behindert Beizäumung und Kehle. Lederfransen am Stirnriemen (Mosquero) vertreiben durch Schlenkerbewegungen die Insekten von den Augen und beweisen durch regelmäßiges Pendeln im Gangrhythmus taktgleiche Trittfolge des Pferdes – oder verraten unregelmäßigen Gang.

Als Standardmundstück wird die rostende Eisenkandare in zahlreichen Varianten be-

Spanische Kandarenzäumung.
Sie ist nach vollendeter Ausbildung des Pferdes gebräuchlich. Die spanische Kandare verlangt über einhändige Zügelführung ein gleichmäßiges Annehmen der Zügel, damit sich die Mundstange im Pferdemaul durch einseitigen Zügelanzug nicht verkantet und irritierende Signale auslöst. Die Zügel hängen generell leicht durch und deuten Zügelhilfen durch sanftes Annehmen zumeist nur an, um der Kandare die Schärfe zu nehmen und die Hebelwirkung zu mildern.

Spanische Reitweise mit blanker Kandare (Passage). Die Zügel werden einhändig geführt, damit sich das Mundstück im Pferdemaul nicht verkantet. Ständige Zügelanlehnung findet nicht statt, die Zügel hängen zumeist leicht durch, Zügelhilfen werden aufgrund der starken Hebelwirkung nur angedeutet. Beherrschung der sitzunabhängigen Zügelführung ist unverzichtbar. Kraftvoller Schub aus tragender Hinterhand, Vorwärts-aufwärts-Richtung des Pferderumpfes, entspannte Aufrichtung der Kopf-Hals-Partie, vorbildliche Versammlung.

vorzugt, die im Pferdemaul eine angenehm süßsaure Geschmackskomponente abgibt. Vequeros und Stierkämpfer zu Pferd, aber auch andalusische Freizeitreiter, verwenden zusätzlich die Serreta, einen gezackten Eisenbügel in Form eines Kappzaums (der durch Lederummantelung entschärft werden kann) oder als Spange unter dem Nasenriemen der Kandarenzäumung, der das Pferd bei Zügelstraffung durch Druck auf das Nasenbein zu striktem Gehorsam veranlasst. Der Gebrauch dieser Verschärfung erfordert eine äußerst sensible Zügelhand; eine rüde Zügelführung hinterlässt lebenslange Narben auf der Pferdenase. Im Freizeitbereich hierzulande ist die Serreta absolut überflüssig.

In Südspanien wird das ausgebildete Reitpferd fast ausschließlich auf blanke Kandare ohne Unterlegtrense gezäumt. Im Ausbildungsstadium kombiniert man die Kandare mit dem Kappzaum, bis das Pferd Kandaren-reife erlangt. Am Anfang der Ausbildung wirken die Zügelhilfen über den Kappzaum auf das Nasenbein, um das Pferdemaul zu schonen. Die Kandare liegt zunächst nur zur Gewöhnung im Pferdemaul, ohne in Aktion zu treten. Im Verlauf der Ausbildung wechseln die Zügelhilfen in gleitendem Übergang auf die Kandare über. Nach vollendeter Ausbildung entfällt der Kappzaum, die Zügelführung erfolgt nunmehr allein über die Kandare.

Kappzaum kombiniert mit Kandare und zwei Zügelpaaren. Iberische Zäumung für das Ausbildungsstadium des Pferdes, nach vollendeter Ausbildung entfällt der Kappzaum.

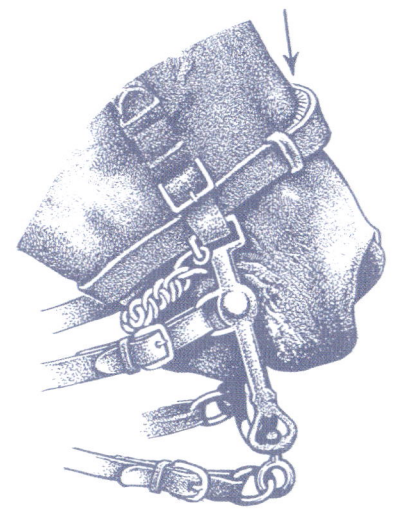
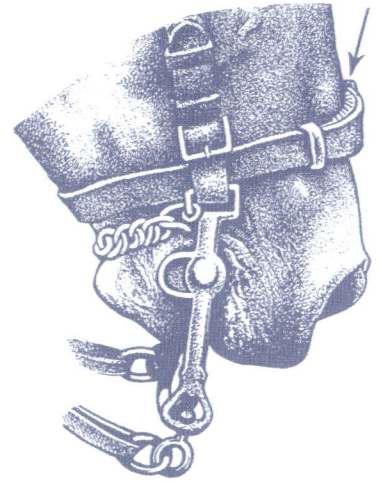

Übergang zur blanken Kandare.

Wenn das Ausbildungsstadium mit Kappzaum beendet ist, wird die blanke Kandare
zunächst mit zwei Zügelpaaren bedient
(oben links), etwa der Pelhamkandare vergleichbar, um die Hebelwirkung zu mildern.
Das obere Zügelpaar hat Priorität und wirkt
bei Zügelstraffung wie eine Stangentrense
ohne Hebelkraft. Erst allmählich setzt die
Hebelwirkung über das untere Zügelpaar mit
einhändiger Zügelführung ein *(oben rechts)*.
Die Serreta, eine auswechselbare, gezackte
Spange unter dem Nasenriemen der Kandarenzäumung (Pfeile), fordert aufgrund
ihrer Schärfe absoluten Gehorsam und hinterlässt bei grober Zügelführung lebenslange Narben auf dem Nasenrücken. Sie wird
in Andalusien vorwiegend von Vaqueros
(berittene Rinderhirten) und Rejoneadores
(Stierkämpfer zu Pferd) benutzt, die mit
aggressiven Kampfstieren umgehen.

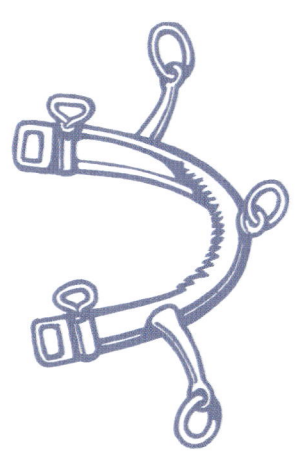

Unten: Serreta in Form eines Kappzaum-
Nasenbügels ohne Lederschutz. Zumeist ist
der Nasenbügel in Leder eingenäht, um der
gezackten Kante die Schärfe zu nehmen. Die
Anwendung der Serreta erfordert eine absolut feinfühlige Zügelhand. Im Freizeitbereich
hierzulande ist ihre Verwendung überflüssig.

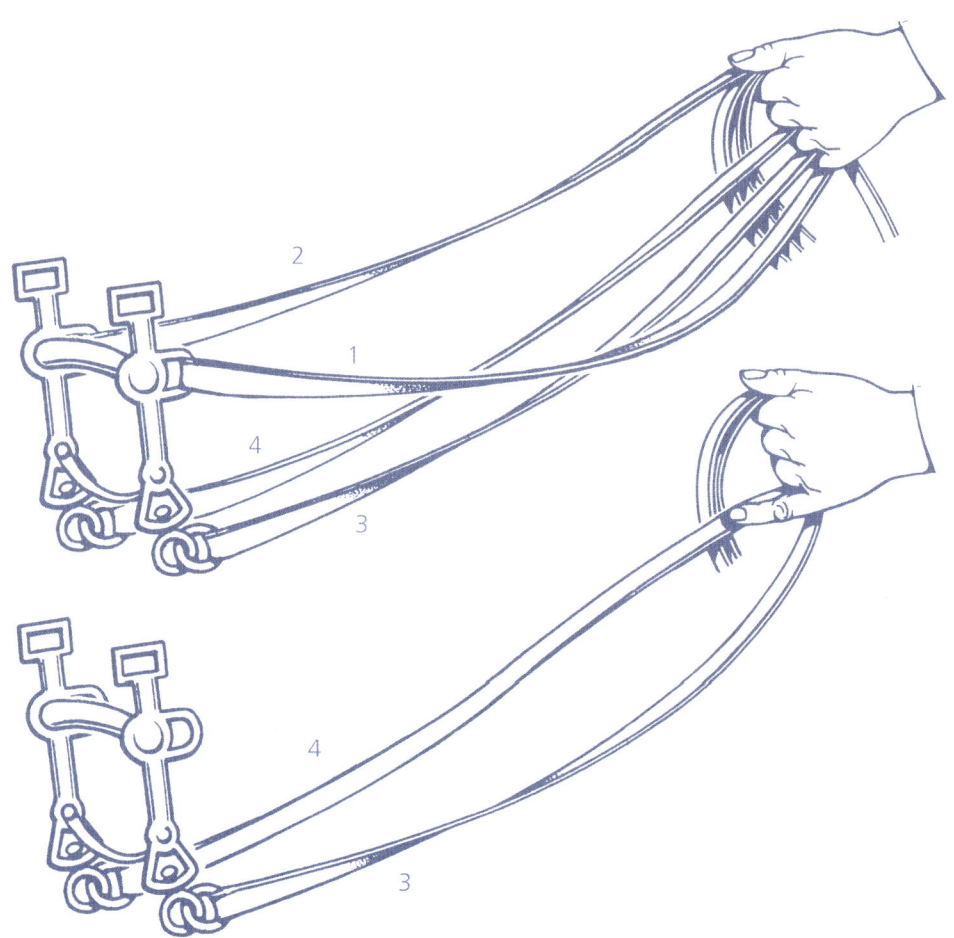

Spanische Zügelführung.

Oben: Einhändige Zügelführung des Vaqueros auf blanke Kandare mit zwei Zügelpaaren. ① Zügel links, oberer Ring (mit »Trensenwirkung«), ② Zügel rechts, oberer Ring (mit »Trensenwirkung«); dieser Zügel kann für beidhändige Zügelführung notfalls schnell von der rechten Hand übernommen werden. ③ Kandarenzügel links, unterer Ring (mit Hebelwirkung), ④ Kandarenzügel rechts, unterer Ring (mit Hebelwirkung).

Unten: Einhändige Zügelführung auf blanke Kandare mit einem Zügelpaar nach vollendeter Ausbildung des Pferdes. ③ Linker Kandarenzügel, ④ Rechter Kandarenzügel. Mit dem kleinen Finger werden die Zügel geteilt und gespreizt, um kleine Regulierungen in der Zügelführung vornehmen zu können.

Einhändige Zügelführung mit Lanze, blanke Kandare mit einem
Zügelpaar. In der Pirouette wird das Pferd mit Zügelanlehnung
um die Hinterhand geführt.

Spanische Kandarenkonstruktionen unterscheiden sich untereinander durch den Durchmesser der Mundstange, Höhe und Form der Zungenfreiheit und Längenverhältnis der Hebelstangen von Oberbaum zu Unterbaum. Die häufigste Kandarenform besitzt eine leicht gewölbte, nicht zu dünne Mundstange ohne oder mit nur geringer Zungenfreiheit, relativ lange Unterbäume mit gebogener Distanzstange und unbewegliche, fest verschweißte Hebelanzüge mit einem Längenverhältnis 1:3 von Oberbaum zu Unterbaum (beispielsweise 4,5:13,5 Zentimeter). Kürzere Unterbäume beschreiben bei Zügelstraffung einen kurzen Weg und wirken abrupter. Längere Unterbäume (Verhältnis 1:4 bis 1:5) legen bei Zügelanzug einen längeren Hebelweg zurück, wirken zeitverzögert, aber mit stärkerer Hebelkraft und daher insgesamt schärfer und zwingender.

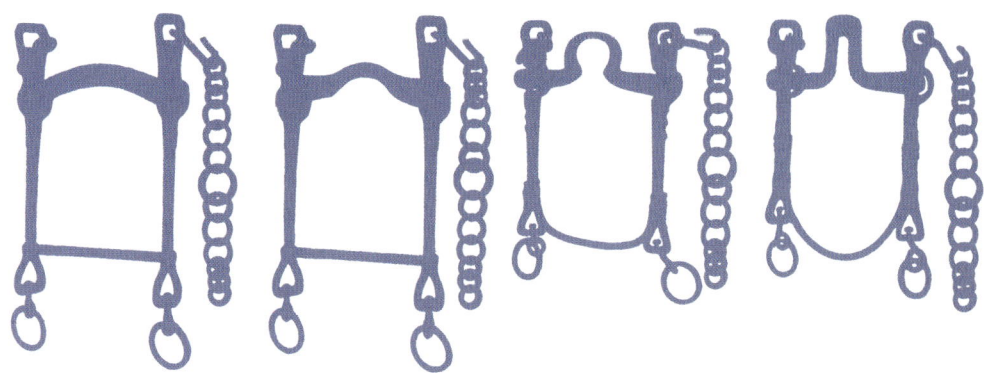

Spanische Kandarenmodelle aus rostendem Eisen, deren Geschmacksabsonderung von der Pferdezunge gern angenommen wird und zu Kautätigkeit und Speichelfluss anregt. Die Kandarenhebel sind meist unbeweglich und unten durch Distanzstangen zusätzlich stabilisiert, manche Mundstangen bewegen sich auf und ab (Pumpgebiss). Die beiden Kandaren links mit gebogener Mundstange und geringer Zungenfreiheit verschonen den Gaumen; die hohen Zungenfreiheiten stoßen bei Zügelstraffung schmerzhaft gegen den Gaumen und quetschen die Zungenränder, da sie schmaler als die Zunge sind. Die insgesamt scharfen Hebelwerkzeuge erfordern die Beherrschung sitzunabhängiger Zügelführung und eine geübte, sanfte und einfühlsame Zügelhand.

Spanischer Vaquerosattel mit hoher Rücklehne, Schaffell und Kastenbügeln, der im Umgang mit Kampfstieren einen festen Sitz gewährt.

Passage freihändig mit Banderillas. Die Zügel sind am Gürtel eingehakt und in Anlehnung. Die Hilfengebung erfolgt nur über Sitz und Schenkel.

Die vor allem im Süden der iberischen Halbinsel gebräuchlichen, mehr oder minder scharfen Kandarenzäumungen werden, sofern der Reiter geübt und erfahren ist, überwiegend einfühlsam und nachgebend bedient, die Zügel hängen zumeist leicht durch. Die lockeren Aufhängungen der Zügel an den Kandarenhebeln ermöglichen differenzierte Zügelhilfen, die nur noch aus Andeutungen bestehen. Freilich sind hier wie andernorts Zwang und Gewalt nicht selten, die das Pferdemaul in fühlloser Weise malträtieren. Als Beispiel für missverstandene Zügelführung sei der Spanische Schritt angeführt, eine Übung, deren Schaueffekt den echten Gebrauchszweck häufig überspielt und zunichte macht.

Ein grober Fehler in der Zügelführung ist das Bestreben des Reiters, die jeweils vorschwingende Vordergliedmaße im Spanischen Schritt durch gleichseitigen kräftigen Zügelruck »anheben« zu wollen. Der Spanische Schritt ist keine Lektion im klassischen Sinn, sondern vorbereitende Übung zur Lockerung und Dehnung der Schulterfreiheit für Raumgriff und Aktion der Vordergliedmaßen, beispielsweise in der Passage, sowie zur Gymnastizierung der Rückenmuskulatur und der Beugung der Hinterhand. Die Fußfolge ist grundsätzlich die des Schrittes, nach dem Auffußen der ausgreifenden Vordergliedmaße setzt die diagonale Hintergliedmaße auf. Häufig ist zu beobachten, dass die Pause zwischen dem Auffußen beider Gliedmaßen zu lang gerät, weil die Hintergliedmaße »nachschleppt«. Das heißt, während der ausgreifende Vorderhuf den Zenit erreicht, verharrt der vorschwingende diagonale Hinterhuf noch hinter der fußenden Hintergliedmaße.

Das Strecken der Vordergliedmaße und gleichzeitige Nachschleppen der Hintergliedmaße bewirken, dass sich der Pferderumpf dehnt und der Pferderücken sich unter der Reiterlast senkt – die Wirbelsäule »hängt durch«. Die Rückenmuskulatur spannt sich nur mäßig und erfährt kaum eine kräftigende Gymnastizierung, der Pferderücken wölbt sich nur wenig oder gar nicht auf und kann keine stabile Gegenkraft zur Reiterlast entwickeln. Das Nachschleppen der diagonalen Hintergliedmaße ist die Folge schwach dosierter vorwärts treibender Hilfengebung oder auch zu starker, rückwärts wirkender und zwingender Zügelanlehnung.

Zwingende Zügelführung, fehlerhaftes Anheben der Kopf-Hals-Partie des Pferdes, um das Ausgreifen der Vordergliedmaße zu betonen. Der Pferderücken »hängt durch«, die diagonale Hintergliedmaße schleppt nach.

Erstes Einüben des Spanischen Schrittes an der Hand. Die Gerte touchiert die Vorderseiten der Unterarme, um die Vordergliedmaßen in allmählicher Steigerung zu aggressivem Ausschlagen zu reizen. Die Hintergliedmaße schwingt im fließenden Ablauf der Schrittbewegung mit und darf nicht nachschleppen, um den gymnastischen Zweck zu erfüllen. Das Pferd soll »aus dem Rücken heraus treten«, die Hufe sollen im Takt des normalen Schrittes auffußen. Die Zwischenpausen des diagonalen Auffußens von Vorder- und Hintergliedmaße dürfen sich nicht verlängern.

Ein stärkerer Einsatz vortreibender Hilfen veranlasst das Pferd, die diagonale Hintergliedmaße früher und fleißiger sowie nahezu gleichzeitig mit der ausgreifenden Vordergliedmaße vorzuschwingen, so dass der Eindruck entsteht, als ergebe sich die Fußfolge des Trabes. Gleichwohl bleibt die Fußfolge des Schrittes erhalten, die Hufe setzen nacheinander auf, doch die Pausen zwischen dem Auffußen beider Gliedmaßen verkürzen sich. Das nahezu gleichzeitige Vorschwingen beider Gliedmaßen hat zur Folge, dass die Tätigkeit der Rückenmuskulatur stärker gefordert und der Pferderücken gymnastiziert und gekräftigt wird. Zudem entwickelt die Hinterhand mehr Schubkraft und die Hankenbeuge wird gymnastiziert. Mithin ergibt sich beim Spanischen Schritt, sofern er fleißig treibend und ohne Behinderung in der Zügelführung geritten wird, der Doppeleffekt der Schulterdehnung und der Gymnastizierung der tragenden Rückenpartie des Pferdes.

Bei jedem nahezu synchronen Vortritt der Hintergliedmaße spannt und wölbt sich die Rückenmuskulatur wechselseitig unter der Reiterlast und »hebt die Wirbelsäule an«, das Pferd entwickelt jeden Schritt aus dem Rücken heraus. Der Wechsel von Spannung und Entspannung übt eine massierende und gymnastizierende Wirkung auf die Rückenmuskeln aus. Die Muskeltätigkeit im Rücken kann die Wirbelsäule vor frühzeitigen Senkschäden bewahren und einen Ausgleich zur Belastung durch den Reiter schaffen.

Demonstration des Spanischen Schrittes mit schwacher und stärker vortreibender Hilfengebung, die nachschleppendes und nahezu gleichzeitiges Vorschwingen der diagonalen Hintergliedmaße verdeutlicht. Vorbildlich nachgebende Zügelführung.

Die Hilfengebung im Spanischen Schritt sollte so unsichtbar und sparsam wie möglich sein. Wenn sich beispielsweise die rechte Vordergliedmaße strecken soll, erfolgt über den rechten Zügel ein unauffälliger »Aufmerksamkeitszupfer«, der die Streckphase begleitet, während der linke Schenkel die diagonale (linke) Hintergliedmaße in gleichlaufender, fließender Bewegung zu fleißigem Vorschwingen anregt. Der linke Zügel bleibt unterdessen in unveränderter Anlehnung. Die diagonale Hilfengebung verhindert, dass die vorschwingende Gliedmaße nachschleppt, und bewirkt, dass sich die Rückenmuskulatur aufwölbt.

Beim Ablauf des Spanischen Schrittes darf die Kopf-Hals-Partie des Pferdes nicht eingeengt werden, weil diese als Balancierstange zur Gleichgewichtsfindung dient. Die Profillinie des Pferdekopfes bleibt vor der Senkrechten, die Zügelführung ist mehr nachgebend denn annehmend, ermahnende Paraden er-

*Vollendete Versammlung im Spanischen
Schritt. Die Zügelführung ist nachgebend, freie Aufrichtung der Kopf-Hals-
Partie, die diagonale Hintergliedmaße
schwingt fast gleichzeitig mit der ausgreifenden Vordergliedmaße nach vorn,
das Pferd »tritt aus dem Rücken heraus«,
die Rückenmuskeln wölben sich auf.
Vorbildliche Ausführung, die Schulterfreiheit und Rückenmuskulatur gymnastiziert.*

zweck, bei der die Tätigkeit der Hinterhand
keinen Stellenwert hat, degradiert die Übung
zur inhaltsleeren Attrappe ohne Nutzen für
das Pferd.

*Ausgreifen der Vordergliedmaße im
Stand ohne Mitwirkung der Hinterhand.
Nutzlose Schau-Attrappe, Hinterhand
und Rückenmuskulatur sind nicht in die
Bewegung einbezogen.*

folgen unsichtbar und bestehen nur aus
Andeutungen. Die Devise heißt: Das Pferd
möglichst selbsttätig schreiten lassen, der
Reiter fügt sich, wenn nötig, mit begleitenden, jedoch keinesfalls eingreifenden Hilfen,
in den Ablauf der Bewegung ein.

Der optische Nebeneffekt des Spanischen
Schrittes, von Zuschauern in Schauprogram-
men als Augenweide wahrgenommen, bildet
eine Zugabe, die den eigentlichen Gymnas-
tizierungszweck zugunsten der Schaunum-
mer oftmals in den Hintergrund drängt und
mitunter sogar vergessen lässt. Das alleinige
Herauskitzeln der Vorhandaktion als Selbst-

Das Zwiegespräch zwischen Reiterhand und Pferdemaul

Innerhalb des Gesamtrahmens reiterlicher Hilfengebung erfüllen Zügelhilfen eine sekundäre Funktion, sie erfolgen gleichwohl im Einklang mit den Körperhilfen und unabhängig vom Sitz des Reiters. Zügelhilfen führen das Pferd, weisen ihm Weg und Richtung und übermitteln Signale im Prozess der Versammlung. Gewichts-, Sitz- und Schenkelhilfen sind primär und bilden das Fundament der Hilfengebung, während Zügelhilfen die Körperhilfen begleitend ergänzen und unterstreichen. Sie regulieren den Vorwärtsschub aus der Hinterhand und fangen gewollten Vorwärtsschwung ein, um diesen aufwärts zu lenken und das Pferd in der Versammlung zu einer kompakten Form zu runden.

Die treibenden Körperhilfen gehen den verhaltenden Zügelhilfen stets voraus, sonst verlieren Letztere ihren Sinn des Einfangens und Regulierens. Ein Autofahrer zieht nicht die Handbremse an, bevor er anfährt – er löst sie, um in Fahrt zu kommen. Analog dazu muss sich der Reiter verbieten, das Pferd zurückzuhalten, während er es antreibt, er würde sonst den angestrebten Vorwärtsschwung zunichte machen.

Gewohnheitsmäßige rüde Zügelführung wird für das Pferd zur Dauerplage. Permanente Zügelgewalt, die das Pferd in eine widernatürliche Kopfhaltung hinter die Senkrechte zwingt, ruft Maulschmerz und Verkrampfungen der Kopf-Hals-Partie hervor, die auf Dauer gravierende Gesundheitsschäden im gesamten Tragapparat hinterlassen können. Ständiger Missbrauch der Zügelführung überschreitet die Grenzen des Tierschutzes.

Dieses Buch möchte dem Reiter eine pferdgerechte Zügelführung verdeutlichen, die einfühlsame Zwiesprache zwischen Reiterhand und Pferdemaul erlaubt, Verständnis für Gleichgewichtsprobleme des Pferdes unter dem Sattel weckt und Tierquälerei vermeidet. Das duldsame und empfindsame Geschöpf hat Mitgefühl als Dank für seine Dienste verdient. Für jeden Reiter muss deshalb die Selbstverpflichtung gelten, weit über das derzeit gültige Maß des Tierschutzgesetzes hinaus dem Pferd, das dem Reiter »das höchste Glück der Erde« schenkt, als Mindestgegenleistung Zwang und Schmerz zu ersparen.

Vorbildlich entspannte Kopf-Hals-Haltung, die auch bei Zügelanlehnung in der Versammlung kleine Bewegungsfreiräume zulässt und dem Pferd gestattet, mit Hilfe dieser Balancierstange die Gleichgewichtssuche, beispielsweise in der Hankenbeuge der Piaffe, zu unterstützen.

Dank

Für reiterliche Mitwirkung bei Erstellung der Fotos, die Aspekte der Zügelführung beweiskräftig dokumentieren, gilt folgenden Reiterinnen und Reitern mein herzlicher Dank:

Jean-Marie Donard, Ruth Giffels, Petra Gnade, Ellen Graepel, Richard Hinrichs, Phillippe Karl, Peter Kreinberg, Susanne Neumann, Marlene Rüdebusch, Martina Schlag, Andrea Schmitz, Jutta Szentmiklossy von Primocz, Dr. Iris Vetter, Claudia Witting.

Ebenso gilt mein herzlicher Dank Bernd Eylers, der die Fotos auf den Seiten 9, 94, 125 und 129 freundlicherweise zur Verfügung stellte.

Die Deutsche Bibliothek – CIP-Einheitsaufnahme

Ein Titeldatensatz für diese Publikation ist bei Der Deutschen Bibliothek erhältlich

BLV Verlagsgesellschaft mbH
München Wien Zürich
80797 München

Lektorat: Edith Ch. Kiel
Layout: Anton Walter, Gundelfingen
Satz: DTP-Design Walter, Gundelfingen
Herstellung: Manfred Sinicki
Einbandgestaltung:
Joko Sander Werbeagentur, München
Umschlagfotos: Gerhard Kapitzke
Druck: Bosch-Druck, Ergolding
Bindung: Conzella, München

Bildnachweis:
Alle Fotos und Zeichnungen
vom Autor außer:
B. Eylers: S. 9, 94, 125, 129 u
M. Schreiner: S. 96

Gedruckt auf chlorfrei gebleichtem Papier

Printed in Germany · ISBN 3-405-16224-6

Know-how für die Reitausbildung

Philippe Karl
Reitkunst
Alle Aspekte der Dressur nach klassischen Prinzipien; Einblick in die Arbeit des »Cadre Noir« in Saumur – der Elite-Institution für Pferdeausbildung auf höchstem Niveau.

Belinda Hitzler
Herausforderung Distanzreiten
Gut über die Strecke kommen – das Know-how für Einsteiger: reiterliche Fähigkeiten, Fitness, Horsemanship, das richtige Pferd und sein Training, Fütterung, Hufpflege, Ausrüstung, Vorbereitung auf den ersten Ritt, Wettkampf, Langstreckenritte.

Blyth Tait
Cross-Country-Reiten
In Frage und Antwort: Problemlösungen für Geländereiter aller Leistungsklassen, die im Turniersport starten – mit vielen Fotos und Grafiken, die Fehler und ihre Korrektur deutlich darstellen.

Elwyn Hartley Edwards
Die neue BLV Enzyklopädie der Pferde
Der einzigartige Prachtband in Geschenkausstattung: die Kulturgeschichte des Pferdes, die klassische Reitkunst, die großen Gestüte, über 150 Pferde- und Ponyrassen im Porträt, Pferdehaltung, Ausbildung, Ausrüstung und vieles mehr.

Gerhard Kapitzke
Das Pferd von A–Z
Über 1000 Stichwörter rund ums Pferd, z.B. zu Anatomie, Evolution, Verhaltensweisen, Haltung, Ausbildung, Gangarten, Sattel, Zäumung sowie zum Reitsport aller Disziplinen.

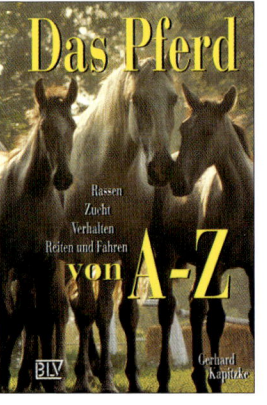

Stefan Radloff
Reitausbildung mit System
In Text und Grafik präzise demonstriert: systematisch aufgebaute Tageslektionen für die Dressur- und die Springausbildung; die optimale Zusammenarbeit zwischen Reiter und Pferd, die Aufgaben des Ausbilders, Trainingsplanung.

Selma Brandl
Harmonie im Sattel
Der richtige Umgang mit dem Pferd, seine artgerechte Haltung, die Ausbildung von Pferd und Reiter in allen Reitweisen: mit vielen Abbildungen, die die Faszination der Pferde und des Reitsports eindrucksvoll vermitteln.

Im BLV Verlag finden Sie Bücher zu den Themen: Garten und Zimmerpflanzen • Natur • Heimtiere • Jagd und Angeln • Pferde und Reiten • Sport und Fitness • Wandern und Alpinismus • Essen und Trinken

Ausführliche Informationen erhalten Sie bei:

BLV Verlagsgesellschaft mbH
Postfach 40 03 20 • 80703 München
Tel. 089 / 127 05-0 • Fax -543 • http://www.blv.de